다정한 나의 30년 친구, 독서회

DOKUSHOKAI TO IU KOFUKU
by Kazumi Mukai
© 2022 by Kazumi Mukai

Originally published in 2022 by Iwanami Shoten, Publishers, Tokyo.
This Korean edition published in 2025
by JUNGEUNBOOKS, Seoul
by arrangement with Iwanami Shoten, Publishers, Tokyo

이 책의 한국어판 저작권은
Imprima Korea Agency를 통한 Iwanami Shoten, Publishers, Tokyo와의
독점계약으로 정은문고에 있습니다.
저작권법에 의해 한국 내에서 보호를 받는 저작물이므로
무단전재와 무단복제를 금합니다.

다정한
나의 30년 친구,
독서회

| 무카이 가즈미 지음
| 한정림 옮김

일러두기
1 저자 원주는 괄호로, 옮긴이 주는 병기로 처리했습니다.
2 인명 등 고유명사는 국립국어원 외래어표기법을 따르되 국내에 이미 널리 통용되는 표현은 관습 표기에 따랐습니다.
3 번역서가 국내에 출간된 경우(절판 도서 포함)는 한국어판 제목으로, 출간되지 않은 경우는 일본어판 제목을 직역하고 일본어명을 병기했습니다.
4 단행본·정기간행물은 겹낫표(『 』)를, 소제목·논문 제목은 홑낫표(「 」)를, 노래·시·드라마 등은 홑화살괄호(〈 〉)를 사용했습니다.

프롤로그

책으로 사람과 이어지다

 나의 부모는 늘 다퉜다. 식사 중이든 차 안이든 서로에게 욕을 하고 자식에게 상대방 험담을 늘어놓을 만큼 깊이 미워하는 부부였다. 아무도 믿지 않겠지만 아버지와 어머니가 평범하게 대화하는 것을 단 한 번도 들어본 적이 없다. 싸우지 않을 때는 입을 꾹 다물었고 식탁에 둘러앉아 가족끼리 대화를 나누는 일은 거의 없었다. 아버지는 아주 가끔 회사 동료를 집에 데려왔다. 그때만큼은 스스로도 그런 부부 사이가 민망했는지 어머니 질문에 "어", "응" 정도로 대답했다. 그 모습에 초등학생이던 나는 묘하게 기뻤던 기억이 있다. '아, 두 사람이 대화를 하네.'

인생 최고 환희의 습관이 만들어지는 순간

이런 환경은 아이에게 지옥이다. 나는 방에 틀어박혀 책에 빠져들었다. 그 후 책은 나에게 현실도피 수단이었고 인간 심리를 가르쳐주는 학교였으며 괴로운 마음을 승화하는 장이었다. 홀로 이야기 세계에 빠져드는 시간이 무엇보다 행복했다. 당시 나의 독서란 오로지 나의 깊은 내면으로 향해 있었다. 그런 생각이 떠오른 것은 내가 참여하는 독서회 과제도서인 『인간의 굴레』(서머싯 몸)를 읽다가 깜짝 놀랄 만한 묘사와 조우했기 때문이다.

어린 나이에 부모를 잃고 큰아버지 부부 밑에서 자라는 주인공 소년은, 다리가 불편한 탓에 우울한 나날을 보낸다. 그러던 어느 날 큰아버지 서재에서 발견한 한 권의 책을 읽기 시작하는데 밥 먹으러 오라는 소리도 듣지 못할 정도로 푹 빠진다. 이렇게 그는 인생 최고 환희의 습관 즉 독서의 습관을 만들어간다. 독서라는 실생활 고통으로부터의 피난소를 찾는다. 『인간의 굴레』가 서머싯 몸의 자전적 작품이란 점을 생각하면, 이 순간이야말로 그에게는 문학에 대한 각성이며 작가를 향한 첫걸음이라 하겠다.

나 역시 독서에 눈떴을 때부터 20대 후반까지 책은 혼자 읽고 상념에 잠기는 행위라고 생각했다. 그 밖에 책 읽는 다른 법은 몰랐다. 그 후 번역 공부를 시작하면서 문장을 쓰는 입장에서 책 읽는 법을 배웠다. 번역이란 원문을 꼼꼼하게 '해석'한 다음 번역가가 자기 언어로 일본어를 조립해가는 작업이다. 그래서 전치사 하나라도 해석이 애매하면 한 줄도 번역할 수 없다. 원문을 120퍼센트 이해하지 못하면 100퍼센트 번역문은 나오지 않는다. 나는 번역을 통해 책을 꼼꼼히 해부하며 읽는 방법을 알았다.

번역 스승의 소개로 시작한 독서회

몇 년 후 깊고 넓은 또 다른 독서법을 알게 되면서 내 앞에 큰길이 열렸다. 기치조지(도쿄도 무사시노시) 이노가시라 공원 근처 커뮤니티센터에서 열리는 독서회에 나가게 된 계기는 번역 스승인 아가리에 가즈키 선생의 소개였다. 이 독서회는 '『티보 가의 사람들』을 읽는다'는 시민 강좌에서 시작됐다. 강좌가 책 중반부에서 끝난 뒤에도 관심 있는 사람끼리 자발적으로 모여 완독했고, 그때부터 프랑스 문학을 중심으로 외국 소설을 읽어왔다. 모임이 시작된 지 벌써 35년, 내가 참가한 지도 벌써 29년째다. 매년 1월에는 신년회를 연다. 회원 중 누군가 세상을 떠나면 모임을 시작하기 앞서 묵념한다. 2014년에는 뜻하지 않게 아가리에 선생께 묵념을 올렸다. 함께 슬픔을 나누며 추억을 이야기했다.

'독서회'라고 해도 형식은 다양한데, 우리 독서회는 모두가 같은 책을 읽고 한 달에 한 번 같은 장소에 모여 차를 마시며 두 시간가량 자유롭게 이야기를 나눈다. 회원은 열 명 정도, 직장이나 원거리 간병으로 매번 참석 못 하는 사람도 있다. 그래도 대체로 일고여덟 명은 참가한다. 한때는 20대에서 80대까지 모든 연령층이 있었지만 점차 고령화가 진행돼 현재는 40대부터 80대까지다.

지금까지 읽어온 책은 발자크, 에밀 졸라, 도스토옙스키, 톨스토이, 토마스 만, 헤르만 헤세 등 이른바 고전 작품 중심이다. 보통 한 달에 한 권 정도 읽는데 장편은 몇 달, 작품에 따라 몇 년이 걸리기도 한다.『잃어버린 시간을 찾아서』(마르셀 프루스트)는 2년 반에 걸쳐 읽었고, 몇 년 전 독서회 원점인『티보 가의 사람들』(로제 마르탱 뒤 가르)을 1년 반에 걸쳐 읽었다.

독서회에서 고전문학을 선택하는 경우가 많은 이유는 개인적으로는 좀처럼 읽을 기회가 없기 때문이다. 혼자서는 읽기 어려운 책이야말로 독서 모임에서 다룰 가치가 있다. 이제껏 읽은 책 가운데 강하게 기억에 남은 작품은『레 미제라블』(빅토르 위고),『프랑스풍 조곡』(이렌 네미롭스키),『위험한 관계』(피에르 쇼데를로 드 라클로). 인종차별을 테마로 한 책을 몇 권 연달아 읽었을 때는『앵무새 죽이기』(하퍼 리)에도 손을 뻗었다. 자신이 저지르지 않은 폭행 혐의로 체포된 흑인 청년을 백인 변호사가 최선을 다해 구하려 한다. 그 모습을 변호사의 딸 시점으로 쓴 이 책은 함께 이야기할 소재가 많아 멤버 모두에게 호평받았다. 만약 독서회에서 다루지 않았다면 혼자서는 절대 읽지 않았으리라.

35년 동안 180개 작품을 함께 읽어

독서회에서 35년 동안 읽은 책 목록을 만들어보니 180개 작품에 달했다(원래는 더 많아야 하겠지만 책 한 권을 몇 달에 걸쳐 읽는 일이 초기에는 잦았다). 문제는 고전문학을 읽는 사람이 줄어 책이 절판되어 구할 수 없는 경우였다. 하지만 최근 새로 번역한 고전이 속속 출간된 덕분에 읽기 쉬운 번역본을 구할 수 있게 됐다. 매우 감사한 일이다.

독서회 참가 초기, 나는 남들 앞에서 말을 잘 못하는 탓에 거의 발언을 못 했다. 주위 사람들 파워에 압도당해 이야기에 끼어들 여지가 없었달까. 하지만 동료들 발언을 들으면서 스스로가 성장한다는 느낌이 들었고 자연스레 하고 싶은 말이 떠올랐다. 혼자 책을 읽는 동안에는 아무것도 떠오르지 않더라도 독서회에 가면 주위 의견에 자극받아 어느새 떠들고 있는 내가 신기하다.

독서회 장점은 무엇보다 혼자서는 손이 가지 않을 책이나 포기할 법한 책도 함께 읽으면 어느샌가 읽어낸다는 점이다. 혼자라면 도중에 던져버렸을지 모를 책일지언정 다음 달까지 읽어야 한다고 생각하면 읽기 힘든 페이지가 어떻게든 넘어간다. 그리고 삶과 죽음이나 종교 등 일상생활에서는 말하지 않는 주제도 문학을 통해서는 서로 이야기할 수 있다. 다른 사람 의견을 들음으로써 자신이 생각지 못한 관점을 얻는 것도 독서회 묘미다. 혼자서 책을 읽고 이야기 세계를 맛보는 단계에서 한 걸음 더 나아가 독서회라는 자리에서 풀어놓으면 생각이 또렷이 정리된다. 괴로운 일이 생겨 우울할 때 글로 써보면 마음이 후련해지는 경우가 종종 있다. 마찬가지로 독서회에서 자기 생각을 마음껏 이야기하고 나면 돌아오는 길에 신기하게도 기분이 좋아진다. 어쩌면 내가 지금까지 사람을 죽이지 않고 살아온 것은 책이 있었기 때문이고 독서회가 있었기 때문일지도 모른다.

사서로서 참여한 중고생 독서회

내가 관여하는 독서회가 하나 더 있다. 나는 번역 외에 사립 중고일관교중고등학교 각각 3년 과정을 6년제로 통합해 운영 도서관에서 사서로 일한다. 독서 활동이 활발해 학교 축제에서 비블리오 배틀(좋아하는 책을 5분 동안 소개하는 서평 게임)을 개최하거나 도서관 주최로 독서 감상문 대회를 진행한다. 여러 활동 중 하나가 독서회다. 한 학기에 한 번씩 도서위원 가운데 독서회 담당자와 관심 있는 학생 여덟 명 정도가 참여한다. 너무 긴 소설은 다 읽지 못할 가능성이 있기에 아침 독서 시간에 몇 번에 걸쳐 읽을 만한 단편을 선정한다. 지금까지 과제도서로 선정된 책은 『가쿠 이야기岳物語』(시이나 마코토), 『목걸이』(기 드 모파상), 『패닉』(가이코 다케시)한국어판 『가이코 다케시 단편집』에 수록 등으로 고등학생이 흥미를 가질 법한 연애, 가족 등을 주제로 한 책을 고르려고 한다. 엄밀히 말해 학생끼리 자유롭게 이야기를 나누면 좋겠지만 책을 읽고 의견을 나누는 일에 익숙하지 않아서 무엇을 어떻게 이야기해야 할지 모르는 학생이 대부분이다.

『토카톤톤』(다자이 오사무)한국어판 『다자이 오사무 선집』에 수록을 과제도서로 선정했을 때는 주인공이 무언가에 열중하려고 할 적마다 들려오는 '토카톤톤'이라는 맥 빠진 소리가 무엇을 의미하는지 이야기했다. "소리를 듣지 않고 긍정적으로 살려면 어떻게 하면 좋을까"라는 물음에 모두 골똘할 때 고3 여학생이 "열광적인 분위기에 휩싸여 다들 같은 방향으로 가려는 상황에서는 끓어오른 흥을 깨는 소리를 듣는 능력도 필요하지 않느냐"고 눈이 번쩍 뜨이는 의견을 말했다. 그러자 그에 호응하듯 다양한 의견이 나왔다. 시점을 빠르게 바꿔주는 학생이 있으면 대화가 생겨나는 법이다.

또 『침묵』(무라카미 하루키)한국어판 단편집 『렉싱턴의 유령』에 수록을 다뤘을 때는 상당히 깊이 있는 이야기를 나눴다. 이 소설은 무라카미 하루키 작품치고는 조금 색다르다. 무리 짓기를 싫어하는 남고생 주인공과 세상살이에 능숙한 동급생과의 갈등이 어느새 음습한 괴롭힘으로 바뀌어 주인공은 반 친구 모두로부터 무시당한다. 하지만 결국 괴롭히는 쪽이 불쌍하다는 사실을 깨닫고 정말 무서운 것은 주변의 '침묵'임을 알게 된다. 토론이 시작되자마자 평소 말이 없는 한 남학생이 "이 소설이 마음 깊이 와닿았다"고 털어놓았다. "실은 저도 반 친구 모두한테 무시당한 적이 있다"는 것이었다. 가끔 나만을 위해 쓰인 책이 아닐까 하는 책과 만날 때가 있다. 그럴 때면 사람은 가슴 깊은 곳에 묻어두었던 경험을 이야기하지 않고는 견딜 수 없다.

책을 읽고 느낀 바를 말로 잘 표현하기란 어렵다. 거의 한마디도 하지 못하는 학생도 적지 않다. 그럼에도 불구하고 독서회라는 자리에 있을 뿐인데도 어떤 자극을 받는다. 끝나고 나면 "같은 책을 읽고 다른 사람 의견을 듣는 것은 신선한 경험이었다"고 많은 학생이 말한다.

자신을 비추는 거울

고등학생 시절 나에게 책을 읽고 소감을 말해보라고 한다면 얼마나 말할 수 있었을까. 책에서 무언가를 읽어내고 말로 표현해낼지는 어느 정도 인생 경험에 비례한다. 그래서 중고생에게 독서회는 어디까지나 '시도'여도 상관없다. 앞으로 살아가면서 다양한 경험을 한 후 언제 어디서든 독서회에 참여해준다면 그것으로 충분하다.

책은 자기 인생을 비추는 거울이기도 하다. 과거에 책을 현실도피 수단으로 삼았던 나는 독서회를 만났기에 책을 통해 사람들과 연결되었고, 멤버들과 30년 가까이 책 이야기를 해왔다. 책을 이야기하면서 사실 자신의 인생 이야기를 나눈 것이 아닐까. 같은 책을 읽으며 함께 나이를 먹었다는 신뢰감은 엄청나게 크다. 나에게 이 경험은 무엇과도 바꿀 수 없을 만큼 소중하다. 누가 강요하지도 않았는데 책의 세계를 공유하고 싶다는 생각만으로 사람들이 모이고 그 모임이 이렇게 오래 지속되다니 실로 놀라운 일이다.

책을 펼치고 책장을 넘기다 보면 아주 먼 옛날 등장인물들이 찾아와 슬쩍 마음속으로 들어온다. 그리고 그들은 잠시 그곳에 머물며 파리 거리를 활보하고 이루어질 수 없는 사랑에 괴로워하며 꿈을 안고 좌절한다. 나는 그 모습을 끝까지 지켜본 후 천천히 책을 덮는다. 책 한 권을 다 읽을 때마다 인생을 10년 정도 더 산 기분이 든다. 나는 이미 수백 년을 살아온 셈이다.

차례

프롤로그: 책으로 사람과 이어지다

독서회에 참가해보자 　　　　　　　　　　　　　　　　17

함께 읽어서 맛보는 연대감 / 독서회 규칙 / 혼자라면 포기할지도 몰라 / 다양한 형식

독서회를 성공으로 이끄는 힌트① 일시와 장소를 어떻게 정할 것인가?

독서회 잠입 르포 　　　　　　　　　　　　　　　　　　39

번역 미스터리 독서회 / 네코마치클럽 / 『세카이』를 읽는 중고생 독서회

독서회를 성공으로 이끄는 힌트② 과제도서 선정 방법

사서로서 주최하기 　　　　　　　　　　　　　　　　　61

첫 만남 긴장 풀기 / 언젠가 다시 만날 경험이 되길 / 울게 만드는 책

독서회를 성공으로 이끄는 힌트③ 참가자의 다양성을 확보하라

문학으로 살아가다 　　　　　　　　　　　　　　　　　81

드디어 헤밍웨이 / 자크 티보라는 이름의 친구 / 코로나19 시기 다시 읽은 『페스트』 / 『노트르담 드 파리』와 사랑에 빠져 / T 씨에 대하여 / 한심한 남자들 이야기 / 물러섬의 쾌감 / 서머싯 몸의 늪에 빠지다 / 테레즈는 나다 / 주머니에 돌을 넣고 / 책 속 독서회

독서회를 성공으로 이끄는 힌트④ 독서회 밖 교류의 장을 만들자

번역가의 시점으로 　　　　　　　　　　　　　　　147

번역가가 많은 독서회 / 방언을 어떻게 번역할 것인가 / 내향적인 제자와 내향적인 스승 / 인종차별을 이야기하기 / 공부회라는 이름의 독서회

독서회를 성공으로 이끄는 힌트⑤ 문제의식을 고취시킨다

독서회 여운에 잠기다 　　　　　　　　　　　　　　　177

인생이란 무대에서 계속 춤추다 『도르젤 백작 무도회』 / 장편소설을 모두와 함께 읽다 『레 미제라블』 / 혼자라면 손이 가지 않을 책 『모든 것이 산산이 부서지다』 / 목숨 바칠 조국은 있는가 『티보 가의 사람들』 / 산을 내려간다는 것 『마의 산』 / 2년 반에 걸쳐 읽은 기록 『잃어버린 시간을 찾아서』

독서회를 성공으로 이끄는 힌트⑥ 이야기한 내용을 기록해둔다

그리고 독서회는 계속된다 　　　　　　　　　　　　　　　223

집사의 남아 있는 나날 / 저녁이 하루 중 가장 좋은 시간

에필로그: 독서회라는 행복

독서회 과제도서 목록

독서회에 참가해보자

독서회에 참가한 지 30년 가까이 된다. 사람들에게 이 말을 하면 대개 "독서회에서는 어떤 걸 하죠? 책을 갖고 와서 낭독하나요?" 등 질문이 되돌아온다. "같은 책을 함께 읽고 그 책 내용을 이야기합니다"라고 대답하지만 충분한 대답이 되지 않는 모양이다. 나 역시 더 이상 어떻게 설명해야 할지 모르겠다.

미국이나 캐나다에서는 지역 커뮤니티에 일본 독서회 같은 '북클럽'이 뿌리를 내려 활발히 운영된다고 한다. 일본에서도 최근 다양한 형태의 독서회가 각지에서 정기적으로 열리면서 '독서회'라는 단어가 제법 퍼진 것 같다. 예를 들어

출근 전에 비즈니스맨들이 모여 사업에 도움이 되는 책을 읽고 의견을 교환하는 이른바 '아침 활동'으로서의 독서회. 혹은 정식 관리자를 두고 인터넷으로 참가자를 모집해 대대적으로 개최하는 독서회. 그것과는 대조적으로 거의 고정된 멤버만으로 열리는 작은 독서회. 독서회 방법도 자신이 좋아하는 책을 가져와서 소개하거나 모두가 같은 책을 읽는 등 다양하다.

함께 읽어서 맛보는 연대감

독서회 역사는 의외로 오래됐다. 에도시대에 '회독'이라 불리던 독서회가 있었고 1960년대부터 1970년대에는 독서 지도의 일환으로 교육 현장에서 활발하게 이루어졌다. 80대 지인한테 직장에서 전후 지식인 책을 주제로 한 독서회를 열었다는 이야기도 들었다. 그 후 독서회는 한동안 쇠퇴했지만 최근 학교에서 부활할 조짐이 보이고 성인 중에도 취미로 참가하는 사람들이 늘었다. 최근에는 온라인으로 진행되는 독서회가 많아 멀리서도 혼자서도 부담 없이 참가할 수 있다. 놀랍게도 교도소 안에서도 독서회가 열린다. 유럽과 미국에서는 수감자 갱생 프로그램의 일환으로 독서회를 진행한다. 일본에서도 그런 시도를 하는 걸까.

책은 원래 혼자 읽는 것이고 혼자 읽는 것만으로도 충분히 즐겁다. 하지만 읽은 책 내용을 함께 이야기하는 경험을 한 번이라도 맛보면 그만둘 수 없게 된다. 독서회의 매력은 어디에 있을까.

내가 참가하는 모임은 한 달에 한 번, 모두가 같은 책을 읽고 자유롭게 이야기를 나눈다. 멤버 교체가 거의 없어 창립 초기부터 참여한 이들 중엔 이미 여든 살이 넘은 사람도 있다. 가끔 새로운 멤버가 합류하면 독서회에 신선한 공기가 유입되니 기쁘기 그지없다. 책에 대한 감상은 많으면 많을수록 좋기에 신입 회원 의견에 회원 모두가 진지하게 귀를 기울인다.

처음엔 자기 의견을 조리 있게 말하지 못해도 괜찮다. 다른 사람 발언을 듣는 사이에 "그렇구나, 그렇게 볼 수도 있겠다", "나는 이 페이지의 이 문장이 너무 마음에 와닿았다"며 하고 싶은 말이 점점 생겨난다. 이것이야말로 독서회의 묘미이고 같은 책을 함께 읽었기에 맛보는 연대감이다.

학교에서나 직장에서 친구나 동료들과 시시껄렁한 대화만 주고받는 사람들이 많다. 누군가와 깊은 이야기를 나누길 바라고 그런 자리를 찾는 사람이 꽤 될 텐데. 그렇다고 갑자기 "자, 인생에 대해 이야기해보자"며 의욕적으로 모인들

불평불만을 늘어놓거나 잡담이나 인생 상담으로 끝나기 마련이다. 하지만 문학을 매개로 하면 삶의 어떤 화제라도 이야기할 수 있다. 이야기에 등장하는 악인이든 선인이든 자기 안에 조금씩 존재하고 아무리 오래된 이야기일지라도 등장인물의 미묘한 심정은 현대를 살아가는 우리와 전혀 다르지 않기 때문이다. 그러한 보편성이 있기에 책을 이야기하는 것은 인생을 이야기하는 것이기도 하다.

대학생 때 '사찰의 수행승'이나 '교회의 수녀' 같은 존재를 강렬히 동경했다. 미래에 대한 희망을 거의 찾지 못했고 사람을 대하는 일이 서툴렀다. 내면을 드러내지 못했기에 친구를 사귈 생각도 하지 않은 채 철학이나 종교에만 관심을 가졌다. 당시 신흥종교가 성행했는데 대학 캠퍼스에도 종교를 권유하는 사람들이 많았다. 한 발 삐끗했다면 나도 그런 종교에 빠졌을지도 모른다. 주위에 테니스에 열중하거나 스포츠카를 타는 학생들이 대부분인 가운데 종교에 경도된 사람들은 오히려 인생을 진지하게 생각하고 고민하는 사람들이었음이 틀림없다. 적어도 나는 그런 태도에 공감했다.

하지만 그들이 바란 건 신흥종교였을까. 과연 그들은 정말 종교가 필요했던 것일까. 어쩌면 들떠 있던 시대를 거스르며 깊이 있는 대화를 나눌 자리를 원했던 게 아닐까. 지금 생각해보면 그때 가까운 곳에 독서회가 있었다면 어느 정도

구원받지 않았을까. 내면에 있는 우울한 생각을 언어화하고 토해낼 자리가 나에게도 그들에게도 필요했다.

단지 당시 나는 '책을 읽는 것'과 '인생을 이야기하는 것'이 연결되리라고는 상상도 못 했다. 어렸을 적부터 독서에 푹 빠졌지만 오로지 나만의 깊은 곳을 향한 내향적 독서 방식이었기 때문이다. 아니, 타인과의 연결 자체를 피했던 그 시절 나한테는, 어쩌면 독서회라는 이야기를 나누는 자리는 시기상조였을지 모른다. 인생 경험을 쌓고 수많은 좌절을 극복한 어른이 된 지금이기에 진정한 의미에서 '책을 통해 사람과 연결되는' 기쁨을 맛보고 있는지도 모르겠다. 젊은 시절 고독 속으로 깊이 파고든 시간은 훗날 옆 사람과 연결되기 위해 필요한 준비 과정이었다.

독서회 규칙

독서회를 즐기려면 나름대로 궁리가 필요하고 오래 지속하려면 멤버 개개인의 노력이 필수다. 30년 이상 계속해 온 독서회에 소속된 사람으로서 알찬 토론을 위한 몇 가지 방법을 꼽아보았다.

① 가능한 한 결석하지 않는다

2019년 5월, 우리 독서회는 처음으로 휴회했다. 여러 가지 사정으로 결석하는 회원이 속출하면서 네 명 정도만 참석한다고 알려왔기 때문이다. 독서회 창립 멤버 중 한 명인 80대 여성에게 상황을 전했더니 "어쩔 수 없지. 하지만 지금까지 한 번도 휴회한 적은 없어요"라는 말이 돌아와서 깜짝 놀랐다. 그렇구나, 아무리 참석자가 적더라도 휴회하면 안 되는 것이었다. 누구나 바쁜 일상을 살아가고 사람에게는 언제든 어떤 볼일이 생긴다. '급한 일이 생겨서', '이번 달은 너무 바빠 과제도서를 읽지 못해서' 등 참석 못 할 이유는 얼마든지 찾을 수 있다. 하지만 그런 말을 하기 시작하면 끝이 없다. 점점 결석자가 늘고, 휴회가 잦아지고, 독서회에 발길이 뜸해진다. 그렇게 여러 모임이 쇠퇴의 길을 걷다가 어느새 소멸했다. "이날은 독서회가 있으니 일정을 비워두자"라고 저마다 유연하게 대처하지 않으면 모임은 지속되지 않는다. 물론 일상이 돌아가야 독서가 가능하고 건강해야 독서회가 열리기 때문에 너무 무리하면 오래 지속되지 않겠지만. 그래도 우선순위는 높게 두고 싶다.

② 과제도서는 반드시 다 읽는다

아무리 바빠도 한 달이면 문고본 한 권 정돈 읽을 수 있다. 다음 달까지 어떻게든 읽어야지, 그렇게 결심하고 텔레비전을 보지 않고 책을 읽는다. 전철 안이나 병원 대기실 등 잠깐 틈이 생기면 책장을 넘기는 등 다양한 방법이 생겨나는 법이다(그래도 다 읽지 못해 모임 장소로 걸어가며 책을 읽기도 한다). 때로는 읽기 어려워서 좌절할 뻔한 적도 있다. 혼자였다면 분명 내던졌을 책이 셀 수 없이 많다. 하지만 지금쯤 다들 같은 작품을 읽겠거니 생각하면 마음을 고쳐먹고 집중력을 높이게 된다. 물론 도저히 다 읽지 못한 경우에는 그대로 참여해도 상관없지만 그러면 토론을 충분히 즐길 수 없을 뿐만 아니라 다른 사람들 이야기를 듣는 사이에 다 읽은 것 같은 기분이 들어 책을 끝까지 읽지 않을 가능성이 높다.

끝까지 읽어야 한다는 강박관념에 사로잡혀서 책을 빨리 읽어서는 안 된다. 뜻밖일 정도로 빨리 내용을 잊어버리기 때문이다. 책을 다 읽고 보름이 지나면 이미 세세한 내용은 기억에 없다. 예를 들어 "저 장면에서 주인공이 저런 행동을 한 건……"이라고 누군가 말해도 바로 반응하지 못한다. '그러고 보니 그런 장면이 있었어'라고 뒤늦게 떠올리게 된다. 그래서 나는 독서회 전날쯤 완독하려고 노력한다. 그래야 머릿속에 책 내용이 선명하게 남아 어느 부분을 질문 받더라도 바로 "아, 그 부분이요"라고 반응할 수 있다.

③ 다른 사람 의견을 부정하지 않는다

독서회 묘미는 혼자서는 생각지도 못했던 읽기 방법이나 감상을 접한다는 점이다. 같은 책을 읽어도 눈길이 가는 부분이나 감동한 장면, 등장인물에 대한 느낌 등 놀라울 정도로 다양한 의견이 나온다. 그래서 참가자 수만큼 책을 몇 배로 맛볼 수 있다. 자신과 다른 의견을 들으면 나도 모르게 "그건 아니야"라고 말하고 싶기도 하다. 물론 반대 의견을 말해도 전혀 상관없고 거기에서부터 더 많은 토론이 전개되기도 한다. 하지만 상대방 의견을 무조건 부정하는 일은 생산적이지 못할뿐더러 자리 분위기도 안 좋아진다. "하지만 이런 관점도 있지 않아?"라고 다르게 방향을 제시하며 내실 있는 토론을 하고 싶다.

④ 과제도서를 존중한다

책을 읽다 보면 종종 꼬투리를 잡고 싶을 때가 있다. "등장인물 가운데 남성은 공들여 묘사했는데 여성은 인형처럼 그렸을 뿐이다", "작가가 너무 뻔뻔스럽다", "결말이 너무 부자연스러워 억지로 끝냈다는 생각이 든다" 등등. 독서회에서도 이런 이야기로 분위기가 달아오르는 경우가 많다. 그중에는 "이런 설정은 있을 수 없다!", "이 남자는 너무 심하다!"고 처음부터 끝까지 불평을 늘어놓는 사람도 있다. 마음은 알겠지만 독서회에서 작품을 다룬 이상, 비난하기 대회가 돼서는 재미없다. 항상 작품을 존중하며 이야기해야 한다.

⑤ 혼자 많이 말하지 않는다

독서회는 어디까지나 참가자 모두 평등하게 이야기해야 재미있다. 한 명 또는 두 명이 계속 이야기하면 처음 참가하는 사람은 말하기 힘들고 하고 싶은 말이 있어도 입을 다물어버린다. 멤버가 고정되지 않은 독서회는 퍼실리테이터(진행자)를 두고 어느 정도 교통정리를 하는 편이 좋다. 퍼실리테이터라면 너무 많이 발언하는 사람을 자제시키거나 말하기를 피하는 사람이 편하게 말할 수 있도록 해주기 때문이다. 내가 참여하는 독서회처럼 거의 고정 멤버로만 운영되면 이제 멤버들 호흡이 잘 맞을 정도로 발언하는 수준에 이른다. 한 사람이 너무 말을 많이 하는 일도 없고 말 한마디 못 하는 사람도 없다. 머뭇거리면 끼어들 틈이 없을 만큼 이야기가 활발히 오가기에 토론이 중단돼 침묵이 찾아오지도 않는다. 진행자도 없는데 절묘한 타이밍에 모두가 이야기할 수 있는 것은 오랫동안 모임을 이어온 덕분이다.

⑥ 잡담을 많이 하지 않는다

오랫동안 계속해온 독서회는 장점도 있지만 단점도 있

다. 자칫하면 잡담이 많아진다는 점이다. 먼저 이야기를 시작하기까지 시간이 걸린다. 우리 독서회는 각자 차와 과자를 준비해 오기 때문에 과자를 나눠주면서 잡담이 시작된다. 그러다 보니 좀처럼 책 이야기로 들어가질 못한다. 겨우 책 이야기로 분위기가 무르익었다 싶으면 누군가 "등장인물인 톰이라는 한심한 남자가 대학 때 친구와 닮았다"고 말한다. 그러자 또 다른 누군가가 "우리 집에도 똑같은 인물이 있다"고 이야기하면서 잡담이 끝없이 이어진다. 멤버끼리 오래 알고 지낸 사이기에 속으로 '언제쯤 이야기가 끝날까' 생각하면서도 "이제 본론으로 돌아가자"는 말을 꺼내기가 어렵다. 더 이상 다른 사촌이 등장하지 않기만을 기도하며 오직 기다리는 수밖에 없다. 이럴 때 딱 정리해주는 사람이 있으면 좋겠다. 물론 책을 이야기하는 것은 인생을 이야기하는 것이므로 자기 인생을 끌어와 생각해도 좋고 때로는 탈선해서 수다를 떨어도 괜찮다. 하지만 바쁜 와중에 모처럼 모두가 과제도서를 읽고 왔으니 토론하는 두 시간 정도는 되도록 책에 집중하고 싶다. '이야기를 탈선시킨 사람이 직접 원래대로 되돌린다'는 것이 독서회 매너다.

또 하나는 멤버끼리 서로의 생활에 지나치게 개입하지 않는 점도 중요하다. 책만을 접점으로 연결된 관계는 정말 기분 좋다.

혼자라면 포기할지도 몰라

앞서 말했듯 내가 참여하는 독서회는 매달 한 권씩(장편은 여러 번 나눠) 주로 외국 문학 중 고전을 읽는다. 고전문학을 고르는 이유는 혼자서는 좀처럼 읽을 기회가 없기 때문이다. 혼자서 읽기 힘든 책이야말로 독서회에서 다룰 가치가 있다. 도스토옙스키나 톨스토이, 발자크나 토마스 만 등 언젠가는 읽어야지 생각하면서도 바쁜 일상을 핑계로 자꾸 미루다 보면 이미 50대가 되어 있기도 하다.

몇 번이고 말하고 싶다. 독서회의 장점은 무엇보다 스스로는 손대지 않을 책이나 도중에 포기할 법한 책이라도 함께 읽으면 어느새 끝까지 읽게 된다는 점이다. 예를 들어 『레 미제라블』은 첫머리부터 주교의 일상을 묘사하는 장면이 꽤 길게 이어지며 주인공 장발장은 전혀 등장하지 않는다(마지막까지 읽고 신앙에 대한 작가의 입장을 고려하면 꼭 필요한 장면이었음이 이해되지만). 그리고 드디어 이야기에 빠져들어 서스펜스 소설처럼 손에 땀을 쥐게 하는 장면을 즐기다 보면 이번에는 파리 하수도 이야기가 끝없이 펼쳐진다. '아, 하수도는 이제 됐어' 말하고 싶은 마음을 억누르며 계속 읽어나간다(마지막까지 읽으면 하수도 정비가 위생 상태 개선과 도시 발전에 얼마나 큰 역할을 했는지 잘 이해되지만).

덧붙여 위고의 『노트르담 드 파리』는 중간에 건축 역사가 끝없이 이어진다. 둘 다 이야기 자체는 정말 재미있기에 절대로 도중에 그만둬서는 안 된다. 『전쟁과 평화』(톨스토이)에는 전쟁터 장면이 길게 나오는데 꽤 읽기 힘들다. 실제로 나는 두 번 정도 포기했다.

① 끝까지 읽는다

책을 읽으려다가 전체 그림이 파악되지 않아서 좀처럼 이야기에 빠져들지 못해 짜증이 나거나 등장인물들 이름이나 인간관계가 기억나지 않아 좌절한 경험은 누구나 있을 것이다. 이럴 때 혼자라면 그냥 포기해버릴지도 모른다. 하지만 무슨 수를 쓰든 다음 달까지 읽어야 한다고 생각하면 신기하게도 잘 안 넘어가던 페이지도 넘어간다. 언젠가 읽어야지 하며 쌓아둔 장편소설 역시 독서회 과제도서가 되면 이미 다 읽은 거나 다름없다. 모두가 함께 달려주기 때문이다.

독서회에서 그렇게 한 권, 또 한 권 읽은 책이 쌓여 35년 동안 완독한 책이 방대한 양이 되었다. 그 목록을 보기만 해도 성취감으로 빙그레 웃음이 나온다. 책을 좋아하는 사람과 만날 때는 대화 소재로 이 목록(부록 참조)을 갖고 가서 자랑스레 보여준다. 그러면 상대방은 "와, 대단하네요!"라고 감탄한다. 어떤 사람은 목록을 가만히 바라보다가 중얼거린다. "나는 여기 있는 대부분을 읽지 않은 채 죽는 걸까……."

② 일상적이지 않은 주제를 이야기한다

두 번째 장점은 일상생활에서 입에 올리지 않는 주제라도 문학을 통해서라면 서로 이야기를 나눌 수 있다는 점이다. 특히 삶과 죽음, 마음의 문제를 누군가와 말하고 싶지만 주변에서 마땅한 곳을 찾지 못한 내게 독서회는 영혼 교류의 장이기도 하다. 예를 들어 『팔월의 빛』(윌리엄 포크너)에서 겉모습은 백인이지만 흑인 피가 섞인 탓에 백인 사회에서도 흑인 사회에서도 받아들여지지 못한 청년의 고통을 둘러싸고 "차별이란 무엇인가", "사람은 왜 차별하고 싶어 하는가"를 이야기했다. 청년은 피부색 때문에 차별받는 것이 아니다. 결국 '피'로 차별받는다는 사실에 경악을 금치 못했다. 이 작품을 전철 안에서 읽다가 내려야 할 역을 두 개나 지나쳤다.

③ 말할 수 있게 된다

책에 대한 감상이나 의견을 사람들 앞에서 말할 수 있게 된다는 점이다. 참가 초기 나는 느낀 바를 말하라고 해도 무엇을 어떻게 말해야 할지 몰랐다. 다른 사람들 의견을 들으면서 생각을 말로 표현할 수 있었다. 말로 표현함으로써 생각이 구체화됐다. '이번 책은 깊이 읽지 못해서 오늘은 아무 말도 못 하겠다'고 생각하며 참가한 날도 멤버들 이야기를 듣다 보면 "맞아, 맞아, 나도 그 부분에 공감했어"라거나 "아니, 그건 좀 다른 것 같은데?" 등 하고 싶은 말이 떠오른다.

④ 내가 생각지 못한 관점을 얻는다

같은 책을 읽은 참가자의 다양한 의견을 들을 수 있다. 나는 생각지 못한 관점을 얻는 게 독서회의 큰 매력 중 하나다. 개중에는 매번 마음에 든 부분을 노트에 빼곡히 적어 오는 사람도 있어 감탄하지만 나는 인상에 남은 부분에 포스트잇을 붙이는 정도다. 그래도 전날 밤까지 완독하도록 읽는 속도를 조절하면 머릿속에 이야기 세계가 확실히 남기에 포스트잇이 붙은 곳만 봐도 왠지 모르게 말이 나온다.

⑤ 참가자들의 인간성을 엿볼 수 있다

마지막으로 꼽고 싶은 장점은 참가자들의 인간성을 엿볼 수 있다는 점이다. 어떤 책을 읽는지 혹은 그 책을 읽고 어떤 감상을 받았는지를 알면 그 사람이 어떤 사람인지 알아내는 큰 단서가 된다. '오, 이 사람은 이 부분을 읽고 그렇게 생각했구나'라며 종종 뜻밖의 일면을 알게 되기도 한다. 첫 만남이라면 인간성을 알아낼 힌트도 된다. 그래서 독서회를 통해 만나서 연애나 결혼으로 발전하는 경우가 놀랍지 않다. 책을 이야기할 때 표정을 관찰하기만 해도 흥미롭다. 평소에는 거의 말이 없고 점잖고 수줍음 많은 사람이 어느 순간 갑자기 열정적으로 이야기를 시작하면 책 속 어떤 말이 그 사람 마음을 강하게 자극했는지 보인다. 사람은 정말 하고 싶은 말이 있으면 부끄러움도 망설임도 가볍게 극복하는 법이다.

다양한 형식

① 추천도서를 서로 소개하는 독서회

최근 읽은 재미있었던 책이나 예전에 읽은 좋아하는 책을 갖고 와서 한 사람당 5분 정도 책 내용과 감상을 발표한다. 소개하는 책은 어떤 책이든 좋기 때문에 독서회에 참가하는 허들은 낮다. 누구나 자신이 좋아하는 책이라면 그 책이 얼마나 훌륭한지 이야기하고 싶고 다른 사람에게 전하고 싶다. 자신이 소개한 책을 누군가 흥미롭게 읽으면 기쁘고 그렇게 다시 이야기할 기회가 생겨날지도 모른다. 책을 소개하는 시도로 비블리오 배틀이 많이 알려졌지만 이건 배틀이기 때문에 이기려면 어느 정도 프레젠테이션 기술이 필요하다. 하지만 책을 소개할 뿐이라면 그렇게까지 준비할 것도 없다. 처음엔 사람들 앞에서 말하기 어려워하던 사람도 몇 번 경험하다 보면 익숙해지므로 사람들 앞에서 말하는 연습이 되기도 한다. 이 형식의 가장 큰 장점은 자신이 몰랐던 책을 많이 접할 수 있다는 것. 다른 사람들이 어떤 책을 읽고 어떻게 느끼는지 알 수 있기에 설레는 만큼 즐겁다.

② 낭독 독서회

모두 같은 책을 읽은 다음 "이 장 혹은 이 단락은 소리 내어 읽어보고 싶다"는 부분을 골라 한 사람씩 차례대로 낭독한다. 소리 내어 읽는 것만으로도 왠지 모르게 기분이 좋다. 낭독할 때는 문장 어디에서 숨을 쉴지, 어디에서 띄어 읽을지, 어떤 식으로 억양을 넣을지 다양한 노력이 필요하다. 그러기 위해서는 작가가 어떤 생각으로 썼는지 어디를 강조하고 싶었는지 깊이 읽어내야 한다. 그렇지 않으면 단조로운 읽기가 되고 낭독하는 쪽도 듣는 쪽도 재미없어지기 때문이다. 결과적으로 낭독은 목소리를 내는 쾌감을 맛볼 뿐만 아니라 작품 이해도 깊어진다.

또 귀로 듣는 이야기는 현장감을 만들어내서 책을 읽는 것보다 작품의 깊이가 더 느껴지기도 한다. 어렸을 때 부모가 읽어주는 이야기에 푹 빠졌던 경험은 누구나 있을 것이다. 어른이 되어서도 라디오나 오디오북으로 배우나 아나운서의 낭독을 들으면 어느새 이야기 세계에 이끌려 푹 빠져 버린 자신을 발견한다. 아마도 인간 목소리에는 사람 마음을 움직이는 강력한 환기력이 있는 게 분명하다.

③ 윤독 독서회

한 권의 책을 여러 파트로 나누어 각 멤버가 담당할 부분을 정한다. 그리고 저마다 담당한 부분을 발표하거나 내용을 요약하며 책을 읽는 방식이다. 각자 해당 회에 읽기로 한 부분을 읽고 와서 발표한 다음 의견을 나눈다. 이 방식에 적합한 책은 학술서나 고전 등 혼자 읽기에 힘든 작품이다. 각자 맡은 부분을 깊이 숙독하고 이를 발표한다. 결과적으로 깊이 있고 충실한 독서가 된다. 발표하려면 숙독은 물론이고 읽은 내용을 알기 쉽도록 전달하기 위한 노력이 필요하기에 어느 정도 부담은 생긴다. 하지만 자신이 맡은 부분 외에는 다른 멤버들이 내용 요약을 준비하니 분량이 많은 책이나 난해한 책도 완독하기 쉬워진다. 이러한 진행 방식은 대학 세미나에서 진행되는 방법에 가깝다.

④ 같은 책을 읽고 토론하는 독서회

독서회라고 하면 아마도 이 방법이 가장 대중적일 터. 사전에 과제도서를 정해 모두가 그 책을 읽고 와서 토론하는 방식이다. 책 내용이라면 어떤 이야기든 해도 좋다. 모두가 같은 책을 읽고 오면 전제가 같기 때문에 얼마나 다른 감상과 의견이 나올지 한없이 기대된다. 혼자 읽는 동안에도 '이 재미를 빨리 공유하고 싶다'는 생각에 독서회가 무척 기다려진다. 더군다나 읽기 힘든 고통 속에서 완독한 책이라면 '다들 이 고통을 맛보며 읽었겠구나' 하며 서로 손을 맞잡고 칭찬해주고 싶은 마음마저 든다. 따라서 독서회가 시작되기 전부터 이미 멤버들 모두가 '동지'다.

책을 다 읽고 독서회에 나가기까지 마치 어미 새가 알을 품듯 등장인물들을 놓치지 않도록, 이야기를 잊어버리지 않고 깨뜨리지 않도록, 소중히 마음속에서 데워둔다. 그렇게 하면 누군가 "이 장면에서 주인공이……"라고 말했을 때 '아, 아! 거기'라며 어느 부분 어떤 장면이었는지 바로 떠오르고 주인공 감정에 자신을 투영할 수 있다.

같은 소설이라도 단행본과 문고본이 모두 존재하는 경우가 있다. 번역 소설이라면 번역가가 다른 책이 출판되기도 한다. 동일한 출판사 책으로 정해두면 누군가 특정 장면에 대해 "몇 페이지 몇 줄"이라고 말했을 때 바로 해당 부분을 찾아내기에 매우 편리하다. 한편 번역가가 다른 책을 읽을 때는 "이 번역문은 좀 예스러워서 의미를 잘 모르겠는데 그쪽 책은 일본어로 어떻게 번역했어?"라고 비교해가며 읽을 수 있어 재미있다. 사실 우리 독서회에는 번역가가 여러 명이라 "이 번역어는 원문에서 어떤 단어일까?"라는 이야기가 나오면 그 자리에서 바로 원문을 찾아본다. 그 결과 "역시 그런 단어였구나"라고 납득하기도 하고 끝까지 시원하게 풀리지 않아 고개를 갸우뚱거리기도 한다. 때로는 누군가 작가 정보를 조사해주거나 작품 배경이 되는 역사를 설명해준다. 같은 책을 읽고 토론하는 이 방법이야말로 독서회의 묘미를 가장 깊게 느낄 수 있는 게 아닐까.

참조: 요시다 신이치로, 『독서가 더욱 즐거워지는 북클럽』, 신효론

독서회를 성공으로 이끄는 힌트①

일시와 장소를 어떻게 정할 것인가?

개최 날짜와 시간이 매번 바뀌면 참가자들은 일정을 잡기 어렵고 '매월 이날까지 반드시 책을 다 읽고 가자!'는 의욕을 유지하기 힘들다. 날짜와 시간이 고정되면 다른 일정을 잡지 않고 독서회를 우선순위에 두기에 일상의 일부로 편입된다. 멤버 각자가 '어떻게든 참가한다'는 기개를 갖지 않으면 모임은 어느새 소멸해버린다. 토론 시간은 두 시간 정도가 적절하다.

독서회를 어디서 열지, 장소는 매우 큰 문제다. 공공도서관이나 시민회관의 공간을 정기적으로 빌리거나 불가능할 경우는 카페 이용도 고려해볼 만하다. 내가 참여 중인 독서회는 지역의 작은 커뮤니티센터 공간을 매달 사용한다. 그래서 장소 이용은 무료다. 가능하면 독서회는 돈이 들지 않는 장소에서 하는 게 좋다. 그것만으로도 오래 지속하는 요인이 된다.

최근에는 온라인에서 열리는 독서회가 주류가 됐다. 온라인이라면 멀리서도 참가할 수 있고 집에서 편하게 독서회를 즐길 수 있다. 다만 직접 만나서 이야기하지 않으면 거리를 두는 법이나 발언자의 미묘한 호흡 등을 알 수 없어 아무래도 부족하다는 느낌이 남는다. 한 명씩 순서대로 의견을 이야기하기보다 여러 방향에서 끊임없이 의견이 오가는 공간이야말로 독서회의 묘미다.

독서회 잠입 르포

번역 미스터리 독서회

요즘 들어 신문이나 잡지에서 '독서회 붐'이라는 제목의 기사를 자주 본다. 나는 지금까지 참가하는 독서회 말고 다른 독서회는 거의 경험한 적이 없어서 이 기회에 다른 독서회에 참가해보기로 했다.

첫 번째는 '번역 미스터리 독서회'. 번역 미스터리 소설의 매력을 다양한 각도에서 소개하는 '번역 미스터리 대상 신디케이트'에서 탄생한 독서회다. 2010년에 시작되어 현재는 전국에 약 30개 지부가 있다. 지부마다 관리자가 장소와

뒤풀이 준비, 과제도서 선정, 참가자 모집 등을 진행한다. 내가 참가한 지부는 '니시도쿄 독서회'로 매회 웹사이트에서 참가자를 모집한다. 정원은 열다섯 명이고 모집 공고가 올라오면 금세 정원이 차 대기를 해야 할 만큼 인기가 많다. 모임 장소는 공공시설 회의실로 참가비는 500엔이다.

이날 참가자도 정원을 꽉 채운 열다섯 명이었다. 언뜻 보기에 3분의 2는 단골인 것 같았다. 참가자는 독서회에서 다루는 미스터리 소설 분야를 잘 아는, 일가견 있는 사람들뿐이었다. 반 정도는 번역가였고 나머지는 편집자나 회사원 등 다양했다. 최근 미스터리 소설을 멀리했던 나는 제대로 된 발언을 할 수 있을지 두려움을 안고 참가했다.

과제도서는 짐 톰슨의 『Pop. 1280 ポップ1280』이라는 이른바 누아르 소설이다. 이 책은 『이 미스터리가 대단하다!』다카라지마샤에서 발행하는 미스터리 소설 가이드북 2001년판 해외 부문에서 1위를 차지했고 2019년 여름에 신장판이 복간됐다. 대학교수이기도 했던 미카와 기요시 번역가는 2007년에 사망했다. 이날은 미카와 씨의 부인과 친구인 다구치 도시키 번역가 그리고 초판 당시 편집자가 게스트로 참가해 정말 호화로운 독서회가 됐다.

제목의 'Pop.'은 population 즉 인구를 의미하며 인구가 1,280명밖에 되지 않는 미국 남부 시골 마을이 무대다. 이 작은 마을에서 보안관으로 근무 중인 닉이라는 남자가 주인공인데, 자택 아래층에 자리한 보안관 사무실에서 일도 하지 않은 채 잠만 자는 얼빠진 인물이다. 하지만 이 얼빠진 캐릭터가 갑자기 사람을 죽이기 시작한다. 무서운 남자가 살인을 저지르는 것보다 무기력한 인물이 쉽게 사람을 죽이는 쪽이 훨씬 무섭다. 그렇구나, 이런 누아르였구나. 그런 생각이 든 순간 광기의 기어는 점점 더 올라가고 마지막에는 코미디 같은 전개가……

우선 참가자 한 명씩 돌아가며 감상을 말했다. 단골 멤버로 보이는 여성이 먼저 발언했다. "등장인물 중 누구 하나 마음에 드는 사람이 없지만 작품은 매우 재미있었어요." 거의 모두가 고개를 끄덕였다. 다음 차례인 몇 명도 단골 멤버인 듯 차분히 이야기했다. "주인공 닉은 나쁜 의미에서 똑똑하고 교활해요. 자신을 그리스도에 비유하는 부분부터 독자는 거북해지기 시작할 거라고 생각해요.", "읽고 나면 기분 나빠지는 미스터리 소설의 원류 같은 작품이네요. 등장인물은 모두 이상한 사람들이고 리얼리티가 없어 공감이 안 되는데도 책장을 넘기지 않을 수 없었어요."

발언 시간은 한 사람당 5분 정도였다. 작품을 즐겁게 이야기하는 참가자가 많았고 미스터리를 향한 사랑이 흘러넘쳤다. 다음 차례는 편집 일을 한다는 남성. "무대가 된 시골 마을 사람들의 나쁜 점 즉 시기와 질투, 의심, 인종차별을 질리도록 이야기하죠. 그럼에도 불구하고 금세 읽히는 이유는 캐릭터의 재미와 이야기의 리듬감, 능숙한 완급 조절, 은근히 드러나는 교양 때문일지도 모르겠어요." 과연 그렇다며 모두가 공감했다.

"악의를 가진 자는 주인공보다 오히려 주변에 사는 보통 사람들이 아니었을까요." 나는 이 의견을 듣고 가브리엘 가르시아 마르케스의 『예고된 죽음의 연대기』에 나오는 시골 마을을 떠올렸다. 예고대로 살인이 일어난 이유는 주민들 무의식에 악의가 있었기 때문이라고 느낀 작품이었다.

"악의를 드러내는 불쾌한 재미가 책을 읽게 만들어요. 닉이 '당신'이라고 말하는 상대는 혹시 신이 아닐까요? 이 작품은 주인공과 신의 대화일지도 모르겠어요." 이렇게 말한 사람은 짐 톰슨을 좋아한다고 자처한 젊은 남성이었다. 짐 톰슨의 다른 작품까지 설명해주었다. "돈에 대한 욕심, 정욕, 권력욕 등 이 소설에는 인간의 모든 치부가 그려져 있어요. 누구나 갖고 있지만 평소 무의식 속에 숨겨 놓은 성질을 과장되게 그린 것이 아닐까요?"라는 그의 의견에 수긍이 갔다. 그 밖에도 여성 등장인물들이 모두 씩씩해서 읽으면서 통쾌했다는 감상도 있었다.

참가자 가운데 번역가와 같은 직장에서 영문학을 가르

쳤다는 분이 있었는데 이번에 참가하면서 원서를 다시 읽어보았다고 한다. 뜻밖의 복병에 모두의 시선이 집중됐다. "원문이 상당히 특수해서 번역하려니 힘들었어요. 시대 설정은 1910년대 후반이고 남부 방언과 속어가 많이 쓰여서 미국인 학생이 읽어도 바로 던져버릴 문체예요. 기독교 모독으로 보일 만한 말과 아이러니가 작품 전체에 아로새겨져 있어요. 닉 말투를 어떻게 번역하느냐에 따라 작품 인상이 달라집니다. 화자가 정신적으로 조금씩 무너져가는 모습이 인상적이었습니다."

담당 편집자 역시 번역의 훌륭함을 이야기했다. "번역가는 마치 저절로 움직이듯 원문의 말들을 일본어로 바꿔나갑니다. 그 속도와 매끄러움에 놀랐어요. 마치 원래 일본어로 쓰인 소설 같았어요. 짐 톰슨의 문체가 피부에 와닿은 게 아닐까요. 원문은 흑인 차별이나 여성 차별, 특히 장애인을 차별하는 말이 너무 노골적이었는데 번역문에서는 상당히 부드러운 표현으로 고쳐졌더군요."

중학교 때부터 대학교까지 함께 보냈다는 다구치 번역가는 역자인 미카와 씨와의 추억을 이야기해줬다. 함께 비틀스 공연을 보러 갔던 일, 여자 문제로 다투고 한동안 사이가 틀어졌던 일. 아무튼 굉장히 '영어를 잘 읽어내는' 번역가였다고 한다. 마지막으로 미카와 씨의 부인이 "역시 저는 이 작품이 아무래도 좋아지지 않습니다"라고 말했는데, 이상하게 인상에 남았다.

참가자 전원이 간단히 감상을 말하는 데만 한 시간 가까이 걸려 독서회의 묘미인 의견 교환을 거의 하지 못해 아쉬웠다. 하지만 이 기회가 아니었다면 나는 손대지 않았을 작품이다. 미스터리 소설의 재미에 이끌리면서 참가자 한 명, 한 명의 열정적인 이야기에 압도됐다. 독서회가 끝난 후에는 근처 선술집에서 뒤풀이를 가졌다. 전원이 참가해 소설 이야기나 일 이야기를 하며 독서회 여운을 즐겼다. 독서회는 저마다 역사가 있고 방식이 있다. 처음 참가한 나는 주위 기세에 눌려 감상을 말하는데도 긴장하고 말았지만 신선한 경험이었다.

네코마치클럽

2006년 비즈니스 서적을 읽는 모임으로 나고야에서 시작한 독서회. 이후 개최 거점을 도쿄, 오사카 등 전국 5개 도시로 확대했다. 문학을 테마로 한 독서회 외에도 비즈니스 서적을 읽는 '아웃풋 스터디', 영화를 보고 이야기를 나누는 '시네마 테이블', 철학 서적을 읽는 '필로소피아' 등 분과 모임이 있다. 작가를 초대해 열리는 특별 모임은 모집 정원이 금방 차버릴 정도로 인기가 많다. 그 밖에도 크리스마스 파티 같은 이벤트를 연다. 지금은 전 모임 연간 200회 이상 개최하며 1년간 총 참가 인원이 9,000명에 달하는 '일본 최대 독서회'다. 개최 일정은 웹사이트에 업데이트되므로 참가자는 일정에 맞는 날짜와 시간, 읽고 싶은 과제도서를 다루는 회차를 선택할 수 있다. 과제도서는 거의 주최자가 정하며 베테랑 참가자가 서포터가 되어 각 분과 모임을 운영한다(코로나19 시기에는 온라인으로 개최했다).

이 독서회는 미디어에서 많이 다뤄서 오래전부터 알았다. 그래서 한번 참가해보고 싶었다. 신청한 모임은 '도쿄 문학살롱 월요회'(참가비는 독서회 2,000엔, 뒤풀이 4,000엔)로 과제도서는 마누엘 푸익의 『거미 여인의 키스』. 일종의 놀이로 과제도서와 관련된 드레스 코드가 정해져 있었다. 이번 드레스 코드는 '스트라이프 또는 젠더리스'. 나는 스트라이프 무늬가 들어간 스웨터를 입고 갔다.

라틴아메리카 문학은 가브리엘 가르시아 마르케스나 후안 가브리엘 바스케스 정도만 읽은 터라 마누엘 푸익은 처음 접하는 작가였다. 라틴아메리카 문학이라고 하면 토착적이고 환상적인 작품 속으로 끌려 들어간다는 이미지였는데 『거미 여인의 키스』는 도시적이고 건조한 인상이었다. 지문이 없고 거의 두 사람이 주고받는 대화만으로 이루어져 있다. 시작부터 정체불명의 인물이 영화 내용을 상세히 이야기하고 다른 한 사람이 그걸 듣는 장면이 길게 이어진다. 처음에는 두 사람이 어떤 관계이고 어디에 있는지 알 수 없어 당황스러웠다. 결국엔 아르헨티나 교도소에서 같은 방을 쓰는 동성애자 몰리나와 혁명가 발렌틴임이 밝혀진다. 신기하고 독특한 매력이 느껴지는 한편 어떻게 해석해야 좋을지 고민되는 부분이 적지 않았다. 그래서 독서회에서 들을 의견이 기대됐다.

넓은 레스토랑을 통째로 빌린 회장에는 테이블이 열 개 있고 참가자들은 접수를 마친 후 자리를 배정받는다. 테이블에는 각각 다섯 명에서 여덟 명이 앉았다. 이날 참가자는 전부 예순 명 정도. 남녀 비율은 약 6대 4, 연령대는 30대와 40대가 대부분이었다. 단골이 많은 모양인지 참가자들은 독서회가 시작되기 전부터 친근하게 인사를 주고받았다. 우리 테이블에는 남성 다섯 명과 여성 세 명이 앉았다.

우선 테이블별로 진행자 역할을 정한 후 한 사람씩 자기소개와 책 감상을 이야기했다. 20대로 보이는 얌전한 남성. "농밀한 분위기의 작품이었어요. 여자라고 생각한 인물이 실은 여자 말투를 쓰는 게이임을 알고 깜짝 놀랐어요." 처음 참가했다는 남성은 "시나리오를 읽는 기분이 드는 이유는 작가가 영화감독을 목표로 했기 때문이 아닐까요?"라는 의견이었다. "이 작품에는 수수께끼 같은 부분이 많아서 당황스러웠어요." 내 발언에 모두가 고개를 끄덕였다. 예를 들어 몰리나는 왜 스파이로서 발렌틴의 비밀을 파헤치는 역할을 부여받았는지? 언제부터 자기편을 배반하고 발렌틴 편이 되었는지? 가석방 후 발렌틴의 동료와 접촉했는지? 왜 총에 맞아 죽었는지? 설명이 전혀 적혀 있지 않다. "몰리나가 충실히 발렌틴을 돌보는 사이 정이 든 게 아닐까요?"라고 말한 이는 회사원으로 보이는 남성. 젊은 여성 참가자는 "과격파 조직의 총에 맞은 것으로 보이지만 실은 경찰이 처리한 건지도 모른다"고 생각했단다.

몰리나가 영화 내용을 이야기하는 부분이 지루할 정도로 긴데 왜일까, 라는 의문에는 베테랑 참가자 남성이 이렇게 답했다. "여섯 편의 영화 내용은 제각각이지만 두 사람 관계와 미묘하게 연관되기 때문이 아닐까요?" 처음 참가했다는 남성은 "영화를 이야기하는 행간에서 묘사되지 않은 두 사람의 몸짓과 감정의 흔들림이 보였어요"라고 예리한 의견을 제시했다. 동성애에 대한 긴 주석은 본문과는 이질적인 문장이어서 무엇을 위한 주석인지가 화제가 됐다. 독서가처럼 보이는 남성이 대답했다. "어쩌면 동성애에 대한 객관적인 설명이 주석이고, 동성애자와 이성애자를 같은 방에 넣으면 어떻게 되는지에 대한 케이스 스터디가 본문이 아닐까요?" 과연, 그렇게 생각할 수도 있겠다고 모두가 탄복했다. 몰리나가 '거미 여인'으로 비유된 것은 왜일까, 라는 질문도 나왔다. 거미 여인이라면 악녀 이미지인데 사랑이 넘치는 몰리나와는 전혀 다르기 때문이다. 40대인 여성이 말했다. "거미가 실을 뽑아 벌레를 잡듯 몰리나는 『천일야화』처럼 영화를 엮어내서 발렌틴을 사로잡은 것이 아닐까요?" 역시 그렇다며 모두 납득한 모양새였다.

우리 테이블은 진행자가 등장할 일이 없을 정도로 활발하게 의견을 교환했다. 얼마든지 더 이야기할 수 있겠다 싶었는데 어느새 끝날 시간이 다가왔다. 두 시간 동안 이야기를 나눈 후에는 신기하게도 같은 테이블 사람들이 동료처럼 느껴져 왠지 헤어지기 아쉬웠다. 더 이야기하고 싶다는 생각이 들었다. 처음 만난 사람과 이렇게까지 깊은 이야기를 나누다니, 책이 매개체가 된 덕분이다. 때로는 책 이야기를 듣다 보면 발언자의 인격까지 엿보인다. 그래서 같은 테이블에 앉은 동료와는 마음이 통한 것 같다고 느낀다. 여기에서 사랑이 싹터도 이상할 게 없고 실제로 싹트기도 한다.

드레스 코드에 가장 신경 쓴 '오늘의 베스트 드레서'를 투표로 뽑은 다음 뒤풀이가 시작됐다. 참가자 대부분이 그대로 남았다. 뒤풀이에서 음료는 무제한이었지만 뷔페로 제공된 요리는 양이 매우 적어서 금세 동이 나버렸다. 참가자들은 책 이야기에 열중했다. 서로 좋아하는 작품을 소개하며 메모했다. 그들 대화를 듣는 것만으로도 나까지 설렜다. 참가비는 조금 비싸지만 이렇게 많은 사람이 모이다니, 역시 다들 얼굴을 마주하고 이야기하고 싶어서일 게다. 책을 좋아하는 사람들이 모인다. 모두가 과제도서를 성실히 읽고 와서 상대방 의견에 귀 기울이며 이야기를 나눈다. 재미없을 리가 없다. 한번 그 매력을 알게 되면 또 참가하고 싶은 마음이 생기는 것도 당연하다. 이것은 독서회라는 이름의 큰 이벤트다.

『세카이』를 읽는 중고생 독서회

밤 8시부터 온라인에서 그 독서회는 시작된다. 학생들이 잡지 『세카이』이와나미쇼텐에서 발행하는 진보 성향 월간지 기사를 한 단락씩 차례대로 읽어나간다. 한 명, 한 명 더듬거리지만 진지한 목소리를 듣기만 해도 마음이 흔들렸다. 밤 8시는 중고등학생이라면 게임에 열중하고 있어도 이상하지 않을 시간이다. 이 독서회는 수업의 일환도 아니고 강제 참가도 아니다. 어디까지나 자유 참가다. 처음 이 독서회를 들었을 때

중고등학생이 『세카이』 기사를 읽고 이야기한다니 진짠가 반신반의했다.

먼저 이 모임을 알게 된 계기를 이야기하고 싶다. 2016년 졸역 『프리즌 북클럽 プリズン・ブック・クラブ』(앤 웜즐리, 캐나다 교도소에서 진행된 독서회를 다룬 논픽션)이 출간됐을 때 사카가미 가오리 영화감독이 서평을 써주었다. 그는 교도소를 테마로 한 영화를 여러 편 찍은 감독이다. 나는 교도소나 수형자에 관심이 생겨서 사카가미 감독의 작품 〈Lifers 종신형을 넘어서〉(2004년)와 〈프리즌 서클〉(2019년)을 보러 갔다가 친구가 되었다. 우연하게도 『세카이』에서 내 에세이와 사카가미 감독의 '프리즌 서클' 연재가 동시에 시작됐다. 그 후 사카가미 감독 아들이 다니는 지유노모리학원에서 독서회가 열린다는 사실을 알았다. 마침 주제가 『세카이』 기사라고 하는 것이 아닌가. 꼭 한 번 보고 싶어서 엿보기로 했다.

이 독서회가 시작된 것은 2020년 6월이다. 일주일에 한 번 온라인으로 개최한다. 그룹에 등록한 중고등학생은 다 합해서 스물네 명. 매회 평균 네 명에서 여섯 명이 참가한다. 참여하기 쉽게 한 회에 읽을 수 있을 정도로 분량을 정한다. 내가 참관한 회차는 고3 여학생(마나노), 고2 남학생(다이치), 중3 여학생(리코, 마이카)이 참가했다. 대부분 고정 멤버라고 한다. 국어과 교사인 핫토리 료헤이 선생이 모임을 리드한다. 매우 젊어서 학생들에게는 형, 오빠 같은 존재일지도 모르겠다. 그래서일까. 독서회는 모르는 것을 선뜻 물어보는 분위기였다.

핫토리 선생이 매월 『세카이』 목차를 사진으로 찍어 라인 대화방에 전송하면 학생들이 관심 있는 기사 제목을 선택한다. 그리고 그 기사를 PDF로 만들어 줌 화면에 띄운다. 이날 다룬 기사는 『세카이』 2021년 3월호(특집은 「21세기의 공해」)에 게재된 「플라스틱 의존 사회로부터의 탈각」(다카다 히데시게)이다. 학생들이 한 단락씩 차례대로 읽어나갔다. 우선 팬데믹과 플라스틱과의 관계에 대하여. 신종 코로나바이러스 감염 상황은 선진국일수록 심각했는데 이는 플라스틱 사용량과 관련이 있는 게 아니냐는 이야기였다. 플라스틱은 내분비 교란 물질을 함유한 탓에 면역력 저하를 가져올 가능성이 있어서다.

소제목 단락마다 핫토리 선생이 내용을 정리하고 어려운 용어를 설명했다. 학생들에게 질문은 없는지 확인하면서 진행했다. 중학생에게는 어려운 한자('교란'이나 '폭로' 등)나 용어('가소제'나 '입자 독성')가 많이 나오기 때문에 읽지 못하는 부분에서 막히기도 했지만 열심히 읽는다는 게 느껴졌다.

다이치: 고래처럼 큰 생물이 비닐봉지 같은 플라스틱으로

생명을 잃는다는 사실이 충격적이었어요.

마나노: 바다거북에 빨대가 꽂힌 영상을 본 적이 있어요.

플라스틱이 생명을 직접적으로 빼앗는다. 어떻게 하면 좋을까?

리코: 비닐봉지를 줄이면 좋겠지만 그것만으로는 부족해요.

우리는 뭘 해야 할까요?

문제의식을 공유한 다음에는 인체에 미치는 영향을 살펴보았다. 플라스틱은 열화를 늦추기 위해 다양한 첨가물을 사용한다. 이 물질이 호르몬 밸런스를 깨뜨려 생식기에 영향을 준다. 매년 전 세계에서 방대한 양의 플라스틱이 바다로 흘러 들어간다. 자연 분해되지 않기에 극미량 미세 플라스틱으로 남아 해양 생물의 먹이가 된다. 그러면 미세 플라스틱은 생물체 내부에서 몸을 공격하는 '트로이 목마' 같은 역할을 한다. 여기에서 '트로이 목마'에 대한 설명(원래는 거대한 목마 안에 병사들이 들어가 적진에 잠입해 싸우는 작전. 컴퓨터에 몰래 설치되는 악성 프로그램을 의미하기도 한다)이 이어졌다. 최근 합성세제나 섬유유연제 가운데 방향제가 포함된 미세 플라스틱을 사용한 제품이 있다. 자신과 가까운 화제인 만큼 "그거 우리 집에서도 쓰고 있어"라는 이야기가 나왔다.

그렇다면 규제할 방법은 없을까? 일본에서는 인체에 미치는 영향이 아직 연구 단계이고 국제적으로는 스톡홀름조약에서 규제 대상으로 할지 검토 중이다. 하지만 첨가물 한 종류가 규제 대상이 되더라도 큰 흐름을 만들지는 못하리라 본다. 지금은 플라스틱 제조든 폐기든 전부 지구온난화에 가담하는 일이 돼버린다.

리코: 편리해서 쓰기 시작했는데 인간이 감당할 수 없게 되었어요. 대량생산, 대량소비에서 벗어나지 못하고 있죠. 플라스틱을 사용하지 않기 위해서 어떻게 하면 좋을까요?
마나노: 물고기가 싫어하는 성분을 플라스틱에 섞는 방법도 있다고 들었는데 어떤가요?
핫토리 선생: 그건 대규모 전환을 촉구하는 방향으로 연결되네요.
리코: 내 손이 닿지 않는 곳으로 플라스틱이 흘러간다는 게 무서워요. 우리가 사용한 물건을 우리가 처리하지 못한다니. 제어할 수 없다면 사용하지 않는 편이 좋다고 생각해요.
마이카: 이익이나 편리를 우선하면 나중에 어떻게 될지, 생각해보면 알 텐데. 왜 인간은 미래를 생각하지 않는 걸까요?
핫토리 선생: 그렇군요. 이건 원전 문제와도 통하는 이야기

네요. 원전을 유치할 때는 눈앞 이익을 우선해 사람들도 거기에 편승했어요. 100년 후 사람들보다 지금 이익을 더 중요시한 거죠.

마이카: 앞서 실행한 사람이 이득을 보고 뒤에 오는 사람이 고통받는다니 이상하다고 생각해요.

다이치: 여러 나라가 한꺼번에 해결하지 않으면 또 다른 곳에서 문제가 발생할 거예요. 경제대국도 개발도상국도 문제를 공유해야 하지 않을까요?

핫토리 선생: 세계에서 동시에 혁명을 일으키자는 말이군요. 사이토 고헤이 교수는 자본주의에 문제가 있다고 말합니다. 자본주의는 극히 일부 사람만 이익을 얻는 시스템이고 이익을 얻기 위해 대량생산, 대량소비가 필수적입니다. 그래서 자본주의 자체를 재검토하는 게 어떻겠느냐고 제언하지요. 이에 대해 나오미 클라인이라는 사람은 단순히 자본주의를 해체한다고 될 문제가 아니라 온갖 대책이 필요하다고 주장합니다.

다이치: 나오미 클라인은 『쇼크 독트린』으로 불난 집에서 도둑질하는 것이 자본주의라며 비판한 사람이죠.

핫토리 선생: 맞아요. 잘 알고 있네요.

이어 마지막 단락을 읽는다. 플라스틱은 우리 인간을 포함한 생태계 구석구석을 오염시키고 인류는 지층 속에 미세 플라스틱이 새겨지는 인류세를 만들어버렸다. 여기에서 '인류세'(인류의 행동이 지구를 파멸로 몰고 가는 시대를 가리키는 새로운 지질연대)를 설명한다.

두 시간 동안 진행된 독서회가 끝났다. 고3 학생이 "졸업하면 더 이상 참가할 수 없나요?"라고 물은 것과 처음 참가한 학생이 "이런 글을 읽는다면 계속 참가하고 싶어요"라고 말한 것이 인상에 남았다. 핫토리 선생이 독서회를 시작한 이유는 대학 시절 지도 교수가 주최하는 독서회에서 배우는 기쁨을 알았기 때문이란다. 독서회 방법도 "지도 교수 방식을 그대로 따라 했을 뿐"이라고. "지금의 제가 있는 건 그때 독서회 덕분이라 학생들에게 대학이나 다른 곳에서 꼭 독서회를 만들어보라고 이야기합니다."

중고등학생에게는 어려울 법한 기사를 굳이 선택한 이유도 알려주었다. "민주주의에는 지성이 필요합니다. 그런 지성을 학생들도 배우면 좋겠어요. 『세카이』는 전후 민주주의 사상을 견인해온 데다 제가 신뢰하는 잡지거든요." 어려운 주제지만 학생들은 진지하게 생각하고 감상을 말로 표현하고자 노력했다. 학생들 의견이 실은 문제 핵심을 꿰뚫기도 해서 놀랐다.

2020년, 장애인 살상 사건 기사를 다룰 때는 우생학에 관해 토론한 후 한센병자료관(국립요양소 다마젠쇼인)을 방문했다고 한다. 교사의 이런 진심은 학생들에게 전해지는 법이다. 자발적으로 독서회에 참가한 학생들은 어쩌면 현재 세계에서 가장 첨예한 문제를 이야기한다는 자부심이 있을지도 모른다. 독서회에서 다룬 기사가 뉴스에 나오면 내용이 잘 이해된다는 학생, 다른 학생이 선택한 기사를 읽다가 예전엔 몰랐던 화제(예를 들면 야생동물 고기인 '부시미트')에 관심이 생겨 사회 보는 눈이 달라졌다는 학생, 독서회에서 토론한 내용을 노트에 적어두었다가 다시 읽으면 유익해서 기쁘다는 학생.

 자신에게 도움이 된다는 사실을 알면 강제하지 않아도 학생들은 참가하는구나, 깨닫는 경험이었다.

독서회를
성공으로
이끄는 힌트②

과제도서 선정 방법

독서회 성격에 따라 다르지만 과제도서는 보통 참가자들이 읽고 싶은 책을 선택하는 편이 좋다. 단, 스터디 모임이나 비즈니스맨의 '아침 활동' 같은 독서회는 퍼실리테이터가 다음 책을 정하는 경우가 많다. 그러는 편이 다음에 무엇을 읽을지 고민하지 않아도 되고 혼자서는 읽지 않을 책과 만날 가능성이 있기 때문이다. 멤버끼리 자주적으로 개최하는 독서회는 역시 자신들이 읽고 싶은 책을 스스로 찾아내는 작업이 중요하며 그것도 독서회의 일부다.

우리 독서회는 다음에 읽고 싶은 책을 누군가 제안하고 특별히 반대 의견이 없으면 대부분 그 책으로 결정한다. 가끔은 한 작가의 작품을 모아 읽기도 한다. 예를 들어 도스토옙스키를 읽을 때는 『가난한 사람들』부터 시작해 『백야』, 『죽음의 집의 기록』, 『학대받은 사람들』, 『지하로부터의 수기』, 『죄와 벌』, 『백치』까지 연대순으로 읽었다. 그러다 보니 작가의 삶과 함께 작품이 어떻게 변해왔는지 알 수 있어 더욱 흥미로웠다.

여러 달에 걸쳐 장편소설을 다 읽고 나면 입가심으로 가볍게 읽을 만한 단편소설을 다루기도 한다. 주제에 맞춰 책을 고르는 일도 재미있다. 예를 들어 흑인 가정부들이 젊은 백인 여성의 도움을 받아 어떻게든 현실을 바꾸려고 용기 내 행동에 나서는 『헬프』(캐서린 스토킷)를 읽은 후에는 인종차별 책을 몇 권 소개하고 싶어 『허클베리 핀의 모험』(마크 트웨인), 『팔월의 빛』, 『앵무새 죽이기』를 읽었다.

작품 속 주인공이 읽던 책에 흥미가 생겨 선택하기도 한다. 이렇게 책이 다음 책을 부르기 때문에 오래 유지되는 독서회라면 과제도서 선정에 크게 고민하지 않는다. 도서 선정은 여유 있게 두세 달 뒤 책까지 미리 정해두면 준비가 수월하다. 1년 치 분량을 정해두는 방법도 있는데 그러면 매달 책을 선정하느라 고민할 필요가 없지만 읽고 싶은 책은 때때로 달라지기 때문에 너무 이른 단계에서 정하지 않는 편이 좋다.

책을 몇 번에 나눠 읽을지도 어려운 문제다. 기본 한 달에 한 권이지만 두꺼운 책은 두 번에 나눠 읽기도 한다. 장편은 몇 달 혹은 몇 년에 걸쳐 읽는다. 다만 책의 중간까지만 읽고 이야기를 나누다 보면 전체 그림이 파악되질 않아 힘들 때가 많고 뒤 내용이 궁금해서 끝까지 다 읽은 멤버가 스포일러를 할 위험성이 있다. 결국 조금 두꺼운 책이라도 되도록 한 달에 한 권씩 읽는 것이 이상적이다.

사서로서 주최하기

앞서 말했듯 나는 번역 말고도 사립 중고일관교 도서관에서 사서로 일한다. 우리 학교는 독서 활동이 활발한데 그중 하나가 독서회다. 독서회는 한 학기에 한 번씩 열리고 도서위원 가운데 '독서회 담당자'와 관심 있는 학생 여덟 명 정도가 참가한다. 지금까지 과제도서는 『그녀의 아리아彼女のアリア』(모리 에토), 『노란 눈의 물고기黃色い目の魚』(사토 다카코), 『찾는 것さがしもの』(가쿠타 미쓰요), 『지요코』(미야베 미유키)한국어판 단편집 『눈의 아이』에 수록 등이다. 모두 전국학교도서관협회가 출판한 '집단 독서 텍스트' 시리즈 작품으로, 이 시리즈는 한 권이 단편 하나 분량 정도라 얇고 책값이 싸서 참가자

수만큼 준비해두기 좋다. 과제도서는 주로 중고생이 흥미를 가질 법한 연애나 가족 등을 테마로 한 책을 선정한다.

첫 만남 긴장 풀기

독서회를 시작한 당시에는 중학생과 고등학생 합동으로 개최했다. 고등학생은 중학생을 리드하고 중학생은 고등학생 의견에 자극받는다. 그것이야말로 중고일관교 장점이 아닐까. 하지만 실제로 해보니 잘되지 않았다. 물론 알찬 토론을 할 때도 있는데 모두가 책을 제대로 읽고 와서 의견을 말하는 게 전제돼야 한다. 무엇보다 우선 출석이 큰일이다. 중학생은 학교 행사가 많아 바쁘고 고등학생은 동아리 활동이나 학원으로 방과 후 스케줄이 꽉 차서 일정 조정이 힘들다.

가까스로 일정이 정해지면 한 달 전에 독서회 날짜와 시간을 참가자 한 명 한 명에게 알려주고 2주 전에 책을 전달한다. 당일 아침에는 담임교사를 통해 잊지 말고 참석하도록 당부한다. 그런데도 독서회 직전에 "볼일이 생겼다"며 말하러 오는 경우는 그나마 나은 편이고 무단결석하는 학생도 적지 않다. 억지로 오게 해도 완독하지 않은 학생이 드문드문 보인다. 감상을 물어봐도 "재미있었다", "읽기 어려웠다"

등 한마디로 끝나버린다. 발언 허들을 낮추려고 "등장인물 중 누가 가장 좋았어?", "인상에 남은 문장이 있어?" 물으며 어떻게든 돌파구를 찾아본다. 그렇게 토론을 펼쳐가는 학생이 한두 명이라도 나오면 다른 학생도 그에 편승해 말을 꺼내기 시작하기 때문이다. 학생들의 독해가 너무 얕으면 관찰자 입장임에도 그만 답답해져서 혼자 떠들다가 나중에 반성하는 일도 종종 있다.

학생들은 도서위원이 되어 처음으로 독서회를 경험한다. 책을 읽고 의견을 교환하는 일에 익숙하지 않아서 무엇을 어떻게 이야기해야 좋을지 모른다. 그래서 진행을 맡을 학생을 정해 미리 책을 읽게 한 다음 다 같이 이야기할 포인트를 열 가지 정도 뽑아 토론 시안을 만든다. 그것을 책과 함께 나눠주고 생각할 준비를 하도록 한다. 하지만 실제 독서회는 '질문과 대답' 식으로 단조로운 대화만 계속될 뿐 토론이 되지도 않고 수업의 연장 같아서 재미도 없다. 책 내용에서 벗어나 자신의 경험담이나 잡담이라도 괜찮으니까 아무튼 무언가 이야기하면 좋겠는데 이야기가 이어지지 않는다. 독서회 묘미인 '상대방 이야기를 듣다 보면 하고 싶은 말이 떠오른다'는 재즈의 인터플레이 같은 대화로 나아가질 못한다. 보는 나는 답답해서 견딜 수가 없다.

책을 읽고 뭔가 느껴도 언어화할 수 없는 걸까, 아니면 애초에 아무것도 느끼지 못하는 걸까. 책 한 권을 읽고 마음을 울린 한 구절을 발췌해 무엇이 어떻게 마음을 울렸는지 말로 표현하려면 독서량과 인생 경험이 어느 정도 필요하다. 나 역시 처음 독서회에 참가했을 때 거의 발언하지 못했는데, 하물며 고등학생 때였더라면 감상을 얼마큼 말할 수 있었을지 자신 없다. 그걸 생각하면 학생들 마음이 이해가 간다.

한번은 참가한 학생이 "모르는 학생들뿐이라 앉아 있기만 해도 긴장했다"고 털어놓았다. 그렇구나. 어른끼리는 처음 만나는 사람과도 책 이야기를 나눌 수 있지만 중고생이라면 학급이나 학년이 다른 학생들과 한 테이블에 앉는 것만으로도 겁나기 마련이다. 내 입장에서는 "같은 학교 학생이고 또래니까 좀 더 친하게 지내"라고 했지만 아무래도 섬세함이 부족했던 모양이다. 그럼 우선 긴장 풀기부터 시작해야겠다 싶어 자기소개를 겸해 '좋아하는 것 세 가지'를 꼽아보라며 워밍업을 시켰다. 공통 취미를 발견해 대화에 활기가 띠면 책에 대한 감상을 한 명씩 이야기하기로 했다.

하지만 이런 궁리를 해도 평소 책을 많이 읽는 학생들은 자기 감상을 제대로 말로 표현하지만 책을 거의 안 읽는 학생들은 말을 못 한다. 어쨌든 수업은 교사가 일방적으로 이야기하는 방식이 대부분이고 학생끼리 토론하며 서로 의견을 나누는 경험을 안 해봤으니 당연한 일이다. 하고 싶은 말을 못 찾은 학생들은 독서회에 참가해도 재미가 없어 시계만 바라보며 빨리 집에 가고 싶다는 오라를 내뿜는다. 그런 학생을 억지로 말하게 하기란 힘들다. 독서회가 끝난 후 "어땠어?"라고 묻자 "저 녀석들 무서웠어"라고 토하듯 대답하더니 잽싸게 돌아갔다. 그 말에 찬물을 뒤집어쓴 기분이 들었다. 표정과 빈곤한 어휘만으로도 그 마음이 충분히 전해졌다. 요컨대 '자기가 보기에 책을 읽고 사람들 앞에서 부끄러워하지도 않고 의견을 말하는 녀석들은 무서운 존재'라는 의미였지 싶다. 충격이었지만 비난할 순 없었다. 오히려 강제로 참석시켜 한 시간 동안 앉혀 놓아 미안했다. 책 읽기도 고통이었을 텐데 감상까지 말하라고 하다니, 고문이나 다름없었겠지. 아침 독서 시간에 책 읽는 척하며 시간을 때우는 학생들도 많다.

언젠가 다시 만날 경험이 되길

도서위원 '담당자'로서 독서회에 참가시키려고 애쓴 이유는 어느 학생이든 독서회 재미를 한 번쯤 맛봤으면 했기 때문이다. 독서회 분위기라도 알면 어른이 됐을 때 어디선가 다시 참가하고 싶은 마음이 생길지도 모른다. 물론 성과는 있었다. "첫 경험이었지만 다른 학생들 의견을 들어 신선했어요. 또 참가하고 싶어요"라고 말한 학생도 적지 않았다. 나는 강제 토론에 이미 한계를 느꼈다. 그래도 생각해보면 결석한 학생이 많더라도 출석한 학생만으로 독서회를 열면 '읽고 말할 수 있는' 학생들이 대부분이라 놀라울 정도로 토론 분위기가 무르익었다.

예를 들어 가이코 타케시의 『패닉』을 과제도서로 정했을 때 출석한 참가자는 고등학생 네 명뿐이었다. 이 소설은 대량 발생한 쥐 떼에 도시가 휘말리는 모습을 그린 작품이다. 쥐 퇴치 대책을 둘러싸고 권력에 저항하는 사람과 영합하는 사람 간에 심리전이 펼쳐진다. "시대 배경과 내용이 복잡해 읽기 어려웠지만 조금 난해한 책에 도전해보니 머리도 감성도 성장한 걸 느꼈다"고 말해준 학생이 있었다. 또 책을 좋아하는 여중생만 모아 『마음』(나쓰메 소세키)을 과제도서로 했을 때 "평소 읽는 책과 다르게 등장인물 말 속에 숨은 감정을 읽어내는 게 신선했다"는 감상과 함께 중학생다운 다양한 의견이 나와 기분 좋은 토론이 됐다. 정말 참가하고 싶은 학생만으로 소수 정예 독서회를 하면 어떨까. 그래서 다음 해부터 형태를 바꿔보기로 했다.

그림을 잘 그리는 학생에게 부탁해 개최 일시와 과제

도서를 알리는 포스터를 만든 다음 도서관 입구와 각 학급에 게시했다. 그리고 참가 희망자에게 대여할 책을 열다섯 권 준비했다. 1학기 과제도서는 내가 큰 충격을 받은 작품인 『편의점 인간』(무라타 사야카)이었다. 이 책은 대출 횟수가 많아 카운터에서 감상을 물어보면 즐겁게 이야기하는 학생이 많았다. 그렇게 맞이한 뜻있는 학생들과 함께한 제1회 독서회. 나는 과제도서를 재독하고 토론 포인트 몇 개를 준비하며 기다렸다. 하지만 독서회 당일, 참가 희망자가 한 명도 나타나지 않았다. 그들은 책은 읽었지만 다 같이 감상을 이야기해본 경험이 없었다. 애초에 독서회가 무엇을 하는지 모를뿐더러 많은 사람 앞에서 발언하기 싫어서 망설였을 것이다. 결국 그날 독서회는 사서 세 명이 다음 모임 전략을 세우고 끝났다.

두 번째는 책을 자주 빌리는 학생에게 미리 말을 걸어 낚아봤다. 학생 외에 도서관을 이용하는 교사나 직원에게도 공지했다. 과제도서는 이전 독서회에서도 다룬 무라카미 하루키의 『침묵』, 왕따를 주제로 한 소설이다. 참가자는 고등학생 세 명과 교직원 네 명, 사서 두 명. "제목인 '침묵'은 무엇을 의미하는가", "내가 반 친구였다면 어떻게 했을까?", "괴롭히는 사람 입장에서 생각해보면 어떨까" 등이 화제였다. 학생은 학생 입장에서 자기 경험을 이야기하고 교사는 교사 경험 또는 부모 입장에서 왕따를 어떻게 대처할지 이야기하며 알찬 토론을 펼쳤다.

세 번째는 모파상의 『목걸이』를 다뤘다. 화려한 생활을 동경하던 여성이 어느 날 공무원 남편과 함께 파티에 초대받아 친구에게 보석 목걸이를 빌린다. 그러나 파티에서 돌아와 목걸이가 없어졌음을 알아채고 얼굴이 창백해진다. 여기저기서 큰돈을 빌려 똑같은 목걸이를 사서 친구에게 돌려준 뒤 부부는 쉬지 않고 일해 10년에 걸쳐 빚을 갚는다. 그 후 우연히 친구를 만났을 때 진실을 고백하자 생각지도 못한 대답이 돌아온다. 그 보석은 원래 값싼 모조품이라는 것이다. 의표를 찌르는 결말에 학생들이 어떤 반응을 보일지 기대됐다.

모인 사람은 남고생 세 명과 여중생 두 명, 교직원 세 명과 사서 두 명. 학생 대다수는 "목걸이를 잃어버렸다고 솔직히 고백했으면 고생하지 않았을 텐데"라는 의견이었다. "왜 그녀는 정직하게 말하지 않았을까?"라고 묻자 "망신당하고 싶지 않은 허영심 때문이 아니었을까요?"라고 여중생이 대답했다. "저 역시 말 안 할 것 같아요. 친구한테 빌린 책을 잃어버리면 친구 몰래 새로 사서 돌려줄 테니까요"라고 하는 남학생. "마지막 장면에서 친구와 딱 마주쳤을 때 왜 모든 사정을 털어놓지 못했을까?"라는 질문에는 "그때까지 한 고생을 인정받고 싶은 마음이 있지 않았을까"라고 교직원이 대답했다. "10년 동안 주인공 여성은 정신적으로 어떻게 변했을까?"라는 질문에는 "전에는 불만 가득했지만 자력으로 빚을 다 갚았으니 강인해졌다", "고생은 했지만 시원한 성취감을 느꼈을 게다", "아니다, 불행의 질이 달라졌을 뿐이다" 등 다양한 의견이 나왔다.

이후 한 남성이 이렇게 말했다. "만약 내가 남편이라면 아내가 빚을 져도 상관 안 해요. 왜냐하면 목걸이를 잃어버린 것은 아내니까요." 나는 순간 놀라서 말문이 막혔지만 그의 노골적인 발언에 '뭔가 속내가 있지' 싶어 슬쩍 떠봤다. "부부는 서로 도와야 하잖아요? 당신 부모는 어때요?" 그러자 이런 답이 돌아왔다. "돕기는커녕 말도 안 해요.", "자, 그럼 다른 가족끼리는?", "가족끼리 대화는 거의 하지 않아요. 다들 제각각이죠." 역시 그런 사정이 있었다. 그는 쿨한 표정으로 "부모든 결혼이든 아무것도 기대하지 않는다"는 이야기를 담담히 이어갔다.

독서회가 끝나고 다른 사서 한 명이 "그렇게 개인적인 일을 물어봐도 괜찮은가"라는 의견을 냈다. 사실 나는 이런 대화야말로 학교에서 독서회를 하는 궁극적인 목적이라고 생각한다. 책을 읽고 내용을 해석하고 교훈을 얻고 의견을 교환한다, 물론 독서회의 장점이다. 하지만 책을 이야기하는 것은 자기 이야기를 하는 것이기도 하다. 가족 관계나 왕따, 죽음은 평소에 말하기 힘든 주제이기에 문학을 매개로 자기 생각을 언어화하는 일은 매우 중요하다. 100년 전 이야기일지라도 그 안에는 지금과 전혀 다르지 않은 인간의 삶과 심리가 있다. 그 보편성이야말로 고전 작품을 읽는 묘미다. 작품에 자기 경험을 투영함으로써 독자는 자신이 처한 상황을 객관적으로 파악하고 내면을 언어화한다.

어른들 독서회도 마찬가지지만 특히 아직 어휘력과 언어화 능력이 충분하지 않은 나이대 중고생에게 독서회는 좋은 훈련장이다. 유럽과 미국 교도소에서 갱생 프로그램의 하나로 독서회를 활용하는 이유기도 하다. 평소 말이 없는 남자가 책에 자극받아 자기 경험을 놀라울 정도로 솔직히 털어놓을 때 '아, 그는 지금 100년 전 작가와 연결되었구나'라고 느낀다.

울게 만드는 책

'울게 만드는 책'이라는 표현을 싫어한다. 들을 때마다 위화감이 든다. 애초에 눈물이란 울어야지 해서 흘리는 게 아니다. 감동하거나 슬플 때 무심코 흘러내린다. 울 생각이 전혀 없더라도 사람은 어느새 울고 만다. 그런데 '울게 만드는'은 뭐란 말인가. 책 한 권에 돈과 시간을 투자한 이상 '울든 웃든' 무언가 대가가 없으면 수지가 맞지 않는다는 인색함마저 느껴진다. 처음부터 대가를 바라고 책을 읽다니 잘못돼도 한참 잘못됐다. 내가 싫어하는 '추억 만들기'라는 말에도 일맥상통하는 부분이 있다. 추억이란 무언가를 한 후 자연히 남는 것이지 미리 만들고자 해서 만들어지지 않는다. 추억 만들기 여행이나 놀이는 본말이 전도됐다. 다시 말해 손쉬운 보상을 추구할 뿐이다.

인생은 그렇게 쉽게 대가를 얻지 못한다. 그것을 알려주는 게 책이다. 읽을 가치가 있는 책은 작품에 몰입하기까지 다소 노력이 필요하다. 특히 고전은 가볍게 읽을 수 없는 책이 많다. 샅바를 잡고 정면으로 작품과 마주하려면 우선 다리와 허리를 단련해야 한다. 처음 50페이지까지는 어쨌든 힘껏 버티며 읽어나갈 체력이 필수다. 이런 이야기를 중고생에게 하면 "대체 무엇 때문에 그렇게 고생하며 책을 읽어야 하냐?"며 의아해한다. 그들은 처음부터 쉽게 이야기 세계로 꾀어내 다음 장 또 바로 그다음 장 책장을 넘기게 만드는 책을 원한다. 그건 그것대로 괜찮다. 하지만 가볍게 읽히는 책에서는 가벼운 대가만 얻는다. 나는 그렇게 생각하는데 놀랍게도 그들은 그런 책을 읽고 "진심으로 감동했다"고 하는 게 아닌가. 어쩌면 효율적으로 감동받도록 진화했는지도 모르겠다. 현재 중고생에게 인기인 것은 '5분 후 이런 감동을 맛보게 됩니다'라고 읽기 전부터 당분을 보증해주는 책이다. 그중에는 '세계 문학 명작을 줄거리로 알려주는 책'까지 있다. 문학 요약이 도대체 무슨 의미가 있단 말인가. 최근에는 문학 작품 자체가 만화로 변신 중이다.

오래전부터 중고등학교 도서관에서는 라이트노벨이 유행이다. 사서로서는 고전문학 작품을 의식적으로 구비해놓지만, 빌리는 학생은 거의 없다. 가끔 알베르 카뮈나 헤르만 헤세를 빌리는 학생이 있으면 '우와!' 하며 놀란다. 『카라마조프 형제들』이 대출됐을 때는 빌려 간 학생이 연장하러 올 적마다 어디까지 읽었는지 궁금해서 가름끈 위치를 몰래 확인했다. 부디 포기하지 않기를 기도하는 마음으로 책을 건넸다.

내가 가장 좋아하는 『레 미제라블』을 빌려 완독한 학생이 반납하러 왔을 때는 무심코 감상을 공유하고 싶었다. "그 장면 어땠어?", "마지막 장면은 어떻게 생각해?" 묻고 이야기하고 싶었다. 그러면 기꺼이 이야기하는 학생이 있는 반면 별로 이야기하고 싶지 않은지 도망치듯 가버리는 학생도 있다. 아무튼 책을 좋아하는 학생은 대체로 내성적이다. 원래 이야기는 혼자서 즐기는 것이라 전혀 문제가 안 된다. 하지만 언젠가 어른이 돼서 누군가와 함께 문학 이야기를 나누는 즐거움도 알면 좋겠다.

어떤 학생은 쉬는 시간이나 방과 후 혼자 도서관에 와서 줄곧 책을 읽는다. 교실에 있기 힘든 사정이 있는 걸까. 아니면 순수하게 책을 좋아해 열중해서 읽을 뿐인 걸까. 나는 그 학생이 풍기는 오라를 관찰한다. 말 걸고 싶은 마음이 굴뚝같지만 도서관은 학교에서 혼자 있을 수 있는 몇 안 되는 장소다. 그래서 말을 걸려면 그 학생이 뭘 원하는지 신중히 파악해야 한다. 한번은 혼자 도서관에 자주 오는 학생에게 "잘 지냈어?"라고 말을 걸었다. 그랬더니 나에게 들릴 정도로 큰 한숨을 쉬고는 어느새 사라져버렸다. 아차차, 실수했다. 나도 중고생 때는 사람들이 함부로 말을 걸면 싫었다. 사서라는 입장이 되자 그 마음을 잊을 줄이야, 방심했다.

오늘도 카운터에는 다양한 요구 사항을 들고 학생들이 찾아온다. "지넨 미키토의 신간을 읽고 싶어요" 하면 바로 제목을 검색해 온라인으로 서점에 발주한다. 책이 입고되면 우선 서지 데이터를 다운로드해서 도서관 시스템에 등록하고 분류 기호 라벨을 책등에 붙인 뒤 장서인을 찍고 비닐 커버를 씌워(한 권당 30초로 끝나는 장인 기술을 발휘!) 신청한 학생에게 연락한다. 학생들이 신청하는 책은 『육법전서』(소장 중인 2년 전 판본이 아닌 꼭 최신판이 보고 싶다고 우긴다)부터 인기 아이돌 에세이까지 실로 다양하다. 얌전해 보이는 여중생이 슬며시 건넨 신청 용지에 『뇌장 작렬 걸』(요시다 에리카)이 쓰여 있어도 일일이 놀라선 안 된다. 예전에 고등학생한테 부토 일본 전통 예술인 '가부키', '노'와 서구 현대 무용이 만나며 탄생한 아방가르드 무용의 한 장르 무용가 오노 가즈오의 호화로운 사진집을 구입해달라는 부탁을 받기도 했다. 비록 다른 학생이 흥미를 갖지 않는 특수한 분야라도 혹은 꽤 고가일지라도 어쩌면 책 한 권이 학생 장래를 결정할지도 모른다. 그렇게 생각하며 가능한 요구에 응하려고 최선을 다한다.

학생이 찾는 책을 아주 작은 단서로도 재빨리 찾아내는 것도 사서 능력이다. "제목은 잊어버렸는데 푸른색 표지에 크게 얼굴이 그려진 책, 뭐였더라?"라고 묻는다면 한순간 망설임도 없이 『원더』(R. J. 팔라시오)를 내민다. 한 학생이 "국어 선생이 읽으라고 했는데 '고구마 뽑기'라는 제목의 책 있나요?"라고 물었을 때 잠시 생각하다가 『새싹 뽑기, 어린 짐승 쏘기』(오에 겐자부로) 고구마 뽑기芋むしり와 새싹 뽑기芽むしり의 한자가 비슷해서 헷갈린 것를 건넸다. "내일이 리포트 마감일인데 '감시 사회'에 관한 책 있나요?"라며 학생이 뛰어 들어온다. "내일이 마감이라고? 더 빨리 말해야지"라고 중얼거리며 그 주제라면 안쪽 책장 세 번째 선반 부근일 거라 예상하며 서가로 직행한다. 이해하기 쉬워 보이는 책을 골라서 건

네고 해당 분야 책이 부족하다 싶으면 적당해 보이는 책 몇 권을 골라 발주한다. 시험 전이면 "『무희』 현대어 번역본 있나요?"라며 여러 명이 찾아온다. 학생들에게 모리 오가이는 어느새 무라사키 시키부○일본에서 가장 오래된 고전소설『겐지모노가타리』저자와 동급인 '옛날 사람'이다.

"지금까지 책을 한 권도 읽어본 적 없는데 우선 어떤 책을 읽으면 좋을까요?"라는 (여러 의미에서) 무서운 질문에는 단골 메뉴인 『컬러풀』(모리 에토)을 권한다. 일주일 후 면접이라는 수험생에게는 신문이나 시사 용어 해설집이 놓인 곳을 알려준 후 최신 뉴스를 이야기하며 문제의식을 높여준다. 소논문을 봐달라고 할 때는 문장 첨삭을 해주며 "이 부분을 좀 더 강조해봐"라고 조언한다. 비블리오 배틀 전국 대회에 출전하고 싶다는 학생이 있으면 원고를 쓴 다음 본선을 향해 함께 연습한다. 물론 본선에 응원하러 가서 도서관 홍보에 실을 사진도 찍는다. 독후감 대회에 응모할 때는 산더미처럼 쌓인 학생들 감상문 중에 우수한 글을 골라 응모할 수준이 되도록 세세한 부분까지 수정해나간다. 독서회 시기가 다가오면 어떤 책이라야 학생들이 읽을까, 어떻게 해야 학생들이 모일까, 이것저것 대책을 세운다.

도서관에 자주 와서 수다 떠는 남학생이 "저는 남자한테만 흥미가 생기는데 부모님께 어떻게 털어놓아야 할까요?"

상담을 요청하길래 어머니 입장이 돼 생각해본 뒤 "갑자기 고백하기보다 자연스럽게 조금씩 이야기하는 편이 좋지 않을까"라고 대답했다.

중고등학생이 좀 더 많이 고전을 읽으면 좋겠다. 그렇게 바라면서도 나는 학생들 요구에 응해야 하는 사서이기도 하다. 학생한테 "울게 만드는 책이 있나요?"라는 질문을 받는다면 웃는 얼굴로 "있어요"라고 답하고 "어떤 식으로 울고 싶은데?"라며 상대방 요구에 맞춰 바로 네다섯 권쯤 울리는 책을 추천할 수 있어야 좋은 사서다.

독서회를
성공으로
이끄는 힌트③

참가자의 다양성을 확보하라

독서회 인원은 다섯 명에서 열 명 정도가 적당하다. 너무 적으면 한 사람당 발언 시간이 길어지니 마음껏 말할 수 있다는 장점이 있지만 그만큼 의견의 다양성이 희박해져서 토론이 제대로 진행되지 않는다. 반대로 인원이 너무 많으면 이야기에 끼어들 여지가 별로 없어 하고 싶은 말을 다 하지 못하고 욕구불만인 채로 모임이 끝나버린다. 게다가 아무래도 이야기 화제가 넓고 얕아지기 십상이라 깊이 파고드는 토론을 펼치지 못한다. 따라서 적절한 인원수 유지는 독서회에서 매우 중요한 요소 가운데 하나다.

또 독서회 참가자는 연령, 성별, 직업이 되도록 다양한 편이 좋다. 우리 독서회처럼 평일 낮에 진행되는 경우는 직장인이 참가하기 어려운 탓에 멤버 구성이 어느 정도 제한적일 수밖에 없다. 그래서 현재는 자영업자와 전업주부가 대부분이다. 예전에는 남성이 두 명 있었는데 지금은 여성들만 남았다.

내가 참가하기 시작했을 때는 20대부터 80대까지 모든 연령대가 독서회에 참여해서 3세대 의견을 골고루 들을 수 있었다. 아직 젊었던 나는 여든다섯 살 어른과 문학을 통해 진지하게 이야기를 주고받는다는 사실이 무척 기뻤다. 내 할머니가 문학 작품을 손에 들고 읽는 모습을 본 적도 없었고 부모와 책 이야기를 한 적도 없었기 때문이다. 문학을 통해서라면 쉰 살 이상 나이 차가 나도 아무런 위화감 없이 자연스레 이야기를 나눌 수 있다. 이렇게 멋진 일이 세상에 또 있을까?

문학으로 살아가다

드디어 헤밍웨이

요즘 계속 어니스트 헤밍웨이를 읽는다. 우리 독서회는 프랑스 문학 중심이라 이제껏 미국 문학을 거의 다루지 않았다. 그래서 '드디어 헤밍웨이'다. 2020년 여름 『노인과 바다』의 새로운 번역본 출간이 계기였다. 다카미 히로시 번역가가 '마초가 아닌 노인 산티아고'를 그려 화제가 됐다.

『노인과 바다』

흉어가 계속되자 노 어부는 홀로 바다에 나가 사흘 밤낮에 걸쳐 거대한 청새치와 사투를 벌인다. 거의 그것만 묘사해 소설 한 편을 만들어낸 헤밍웨이의 역량에 멤버 모두가 감탄했다. 일단 읽기 시작하니 계속되는 긴박감에 언제 대어가 올지, 노인은 어떻게 싸울지, 최후는 어떻게 될지 조마조마했다. 청새치가 오기까지 평화로운 시간, 잔잔한 바다에 햇살이 반짝인다. "작은 새에게 말을 걸거나 돌고래에게 다정한 눈빛을 보낼 즈음 노인의 고독함도 동시에 밀려온다"는 감상이 있었다.

마침내 사냥감과 싸움을 시작한다. 적이어야 할 사냥감이 점점 동지가 되어가고 좀처럼 모습을 드러내지 않지만 함께 싸우는 훌륭한 존재로 그려진다. 무엇보다 노인과 사냥감이 나누는 대화는 깊은 맛이 난다. 이렇게 된 이상 누가 누굴 죽이든 마찬가지다. 산티아고는 청새치와 싸울 뿐만 아니라 청새치를 공격하는 상어 떼마저 쓱쓱 해치운다. 마치 투우사 같다는 감상이 나올 정도였다. 이 인물 대체 어디가 '노인'이란 말인가.

"육지에서 노인을 기다리는 소년의 존재가 좋다"는 의견이 많았다. 노인과 소년이 주고받는 대화나 행동에서 엿보이는 서로에 대한 존중이 대단하다. 노인과 바다의 대결은 청새치 뼈만 갖고 돌아온다는 패배로 끝난다. "끝까지 싸운 끝에 살아 돌아왔으니 그는 승자가 아닐까?"라는 의견이 나왔다. 그런 가차 없는 싸움은 인생 그 자체를 비유한 것 같다.

📗 헤밍웨이, 『노인과 바다』, 다카미 히로시 역, 신초분코

『무기여 잘 있거라』

다음에 읽은 책이 『무기여 잘 있거라』다. 이 소설은 전쟁과 사랑이라는 헤밍웨이의 개인적인 두 경험을 융합한 작품인데 "연애 요소가 더 강하다"는 의견이 대다수였다. 주인공은 미국인 청년으로 제1차 세계대전 중 이탈리아군에 지원해 복무한다. 잘생기고 인품이 좋아 전쟁터에서도 병원에서도 호텔에서도 사람들에게 호감을 얻고 곤란한 상황에 처하면 누군가 도와준다(돈 씀씀이가 커서라는 의견도). 그는 전쟁 중에도 우아하게 생활하며 술만 마신다. 하지만 전쟁터에서 구사일생한 경험을 아무에게도 말하지 않고 아무 일 없었다는 듯이 떳떳하게 행동하는 부분도 있다. 푸념이나 우는소리는 일절 하지 않고 과거도 말하지 않은 채 '남자의 미학'을 고수한다.

옛날에 영화에서 본 인상은 전체적으로 더 중후하고 주인공이 성숙했는데 책을 읽어보니 그들 모두 청춘이었다. 나는 가네하라 미즈히토의 번역으로 읽어 더욱 그랬는지 모르겠지만 대화를 포함해 좀 가볍고 요즘 스타일이라는 느낌을 받았다. 주인공의 일인칭이 가네하라 번역은 '나오레おれ'

였고 다른 멤버들이 읽은 다카미 번역은 '저ボクぼく'였다. 이것만으로도 분위기가 충분히 달라진다.

제목만 봐서는 전선에서 벌어지는 격렬한 전투 장면이 나오리라고 생각했는데 주인공은 부상병을 이송하는 담당이라 그다지 생생한 묘사는 없다. 하지만 조금 전까지 옆에 있던 부하가 순식간에 목숨을 빼앗기는 장면이나 전선을 이탈하려는 아군 병사를 사살하는 장면이 강렬해서 충분히 전쟁 참상을 전달한다는 의견도 있었다. 인간은 죽기 마련이다. 인간은 죽는다. 그것도 무엇이 무엇인지 모르는 채로.

헤밍웨이의 섬세하고 로맨티시스트 면모가 느껴지는 부분이 마지막 장면이다. 출산 때문에 입원한 연인 캐서린과 태어날 아기를 기다리는 주인공에게 뜻밖의 운명이 기다리고, 모든 것이 끝난 후 그는 자리를 뜬다. 잠시 후 방을 나섰다. 병원을 뒤로하고 호텔까지 걸어서 돌아갔다. 비가 내리고 있었다(원문은 After a while I went out and left the hospital and walked back to the hotel in the rain). 결말의 문장이 너무 가슴 아팠다. 이 한 문장으로『무기여 잘 있거라』가 문학이 됐다고 생각될 정도다. 다카미 번역은 …… 빗속을 걸어 호텔로 돌아왔다였다. 이쪽이 정통적인 번역 방식이지만 이 작품은 특히 비가 큰 역할을 하기 때문에 마지막도 원문대로 비의 이미지로 끝내고 싶다. 번역은 원문 독자가 놀라거나 슬퍼하는 것과 같은 순서로 독자를 놀라게 하거나 슬프게 만드는 게 원칙이다. 그러려면 이 경우 원래는 짧은 한 문장을 여러 문장으로 나눠야 해서 용기가 필요하다. 꼭 원문 그대로 비로 끝내고 싶던 베테랑 번역가의 용기가 빛나는 애절함이다. "전투에서 퇴각하는 중에도, 두 사람이 도피하는 중에도, 마지막에도 내리는 비. 전쟁과 사랑의 비극인 이 이야기에 비는 잘 어울린다. 읽는 내내 통주저음^{바로크 시대 유럽에서 성행한 특수한 연주 습관을 수반하는 저음 파트}처럼 빗소리가 들렸다"는 감상도 있었다.

📗 헤밍웨이, 『무기여 잘 있거라』 상·하, 가네하라 미즈히토 역, 고분샤고전신역문고

『이동 축제일』

그다음 『누구를 위하여 종은 울리나』도 읽었는데 의외로 독서회에서 가장 반응이 좋았던 헤밍웨이 작품은 『이동 축제일』이었다. 젊은 시절 헤밍웨이가 아내와 함께 파리 생활을 즐기며 다양한 사람과 교류하는 모습을 그린, 매우 재미있는 책이다. "햇살이 비추는 카페에서 원고를 쓰는 헤밍웨이가 눈에 선하다", "아름다운 아가씨를 넋 놓고 바라보다가 다시 일하는 장면 등 젊은 작가의 의욕에 저절로 미소가 지어진다"는 평이 나왔다. 무엇보다 인간에 대한 성실성과 창작을 대하는 진지한 태도가 느껴져 호감이 갔다. 체류 장

소가 왜 파리였는지도 화제에 올랐다. 파리라면 창작이 잘될 것이라는 이야기를 듣고 작가 수업 중이던 그는 파리로 건너갔다. 결과적으로 파리에서 유명 작가와 후원자, 괴짜들과 알게 된다. 사람을 관찰하고 인맥을 쌓으며 열정적으로 일에 몰두한다. 아직 단편밖에 못 썼기에 빨리 장편을 써야 한다는 초조함, 작가들 사이의 질투나 창작 비밀을 솔직하게 이야기한다는 점이 이 책의 흥미로운 부분이다.

'셰익스피어 앤 컴퍼니' 서점 주인 실비아 비치, 독특한 캐릭터인 거트루드 스타인 등이 그를 총애했다. "시끄러운 카페에서 용케 집중해 글을 쓰다니" 같은 감상이 있었다. 당시는 아파트 시설이 변변치 않아서 카페가 훨씬 편하고 좋았다고 한다. 게다가 시끄러운 편이 오히려 집중이 잘 되는 사람도 있다.

선배 작가인 스콧 피츠제럴드는 너무나도 한심한 남자로 묘사된다. 그럼에도 불구하고 "피츠제럴드는 어딘가 귀여운 구석이 있어 미워할 수 없다"는 의견도 나왔다. 결국 이 책에 묘사된 내용은 어디까지나 헤밍웨이의 눈으로 본 인물들이며 일면의 사실에 불과하다. "그래도 죽기 직전에 이렇게까지 써내다니"라고 많은 멤버가 입을 모았다. 이미 자살 사정권에 들어섰기에 쓸 수 있었으려나(독서회에서 피츠제럴드 작품을 읽어보자고 해서 『위대한 개츠비』를 과제도서로 정했다).

자신을 속이지 않고 인생을 되돌아보는 일은 어렵다. 헤밍웨이는 말년에 책을 집필하면서 기억이 애매한 부분은 파리의 나날을 함께 보낸 첫 번째 부인, 해들리에게 물어보았다(헤밍웨이는 일생 네 번 결혼했다). 나한테는 그 에피소드가 무엇보다 인상적이었다. 젊은 시절을 함께 보내고 이별한 후 오랜 세월 각자 삶을 살아온 두 사람은 어떤 마음으로 어떤 대화를 나눴을까. 의외로 어제도 만난 것처럼 담백한 대화였을지도 모른다. 인생 경험을 쌓은 어른이 아니면 알 수 없는 남녀의 속사정이 느껴져 가슴이 먹먹해진다.

표제지에 헤밍웨이가 친구에게 한 말이 적혀 있다. '이동 축제일'이라는 제목은 여기에서 따왔다. 외우고 싶은 말이다. 만약 운 좋게도 젊은 시절 파리에서 살아본다면 남은 인생 어디서 보내든 파리는 따라다닌다. 파리는 이동 축제일이기 때문이다.

▪ 헤밍웨이, 『누구를 위하여 좋은 울리나』 상·하, 다카미 히로시 역, 신초분코
▪ 헤밍웨이, 『이동 축제일』, 다카미 히로시 역, 신초분코

자크 티보라는 이름의 친구

책을 읽는다는 것이 무엇인지를 이토록 풍부한 감성으로 표현한 작품을 나는 또 알지 못한다. 다카노 후미코의

『노란 책: 자크 티보라는 이름의 친구』라는 작품은 눈이 많이 내리는 곳에 사는 한 여고생이 『티보 가의 사람들』을 읽으며 책 속 세계와 일상을 오가는 모습을 담담하게 그린 만화다. 주인공 미치코는 학교에서 『티보 가의 사람들』을 읽는다. 귀갓길 버스 안에서도 책에 열중하다가 내릴 역에 도착, 내리지 않자 친구가 어깨를 두드려 알려준다. 집에 돌아와서 여동생과 놀아주고 간식을 먹은 후 다시 책을 읽는다. 밤이 되어 가족들이 잠들고 조용해지자 독서등을 켜고 다시 책을 읽는다.

그러던 어느 날 자크가 방문 앞에 나타나 미치코에게 말을 건넨다. 뭐 해? 소설을 읽고 있어. 그런데 자크, 나는, 예전부터 너와 친구가 될 수 있으리라 믿었어. 왜냐하면, 너랑 나는, 생각하는 게 너무 비슷하니까. 그렇게 생각하지? 응, 생각하지.

때로는 미치코가 소설의 세계로 들어간다. 자크를 비롯한 젊은 혁명가들이 모인 '인터내셔널'(사회주의운동의 국제적 조직) 집회로. 어느 날은 삽을 들고 시골 눈길을 걷다가 어느새 파리 집회 행진 인파 속으로. 자크, 눈이 그쳤네요. 발걸음은 이 정도면 되나요? 구호를 외칠 때 알려주세요.

고타츠에서 뒹굴며 마지막 장면을 읽는 미치코.「1914년 여름」끝 페이지에서 자크는 죽어버린다. 고타츠 속에 빨래를 넣던 어머니가 다가와서 고타츠 이불을 들춘다. 어머니는 딸이 고타츠에서 잠들었다고 생각했다. 설마 지금 딸이 이렇게 멀리서 조용히 감정의 파도에 흔들리고 있을 줄은 상상조차 못 했으리라.

얼마 안 있어 미치코는 취직을 하고 도서실에 책을 반납해야 한다. 아쉬운 마음에 다시 한번 목차를 훑어보며 아직 소년이던 자크의 성장을 한 번 더 되짚어본다. 스위스에서 재회했을 때, 나는 어떤 말을 해야 좋을지 몰랐어요. 왜냐하면 100페이지 가까이 당신 행방을 몰랐고, 겨우 모습을 드러냈을 때는 나보다 세 살이나 연상이 돼 있었으니까요. 항상 함께였어요. 대부분 밤이었어요. 읽지 않을 때조차. 하지만 곧 작별 인사를 하지 않으면 안 돼요.

책을 읽는다는 건 바로 이러한 일이다. 책장을 펼쳐 글자를 따라갈 때는 물론이고 횡단보도를 건널 때든 목욕할 때든 등장인물이 항상 머릿속에 있다. 때로는 그들이 불쑥 찾아와 내게 말을 걸기도 한다. 나는 이야기 세계와 일상을 오간다. 책 한 권을 다 읽고 나면 지금껏 마음속에 살던 등장인물들과 헤어져야 해서 애절하고 슬프고 쓸쓸하다. 오랫동안 함께한 연인과 헤어질 때처럼 혹은 마음 잘 맞는 친구와 영원히 만날 수 없을 때처럼. 그런 슬픔과 고통을 말로 표현하거나 글자로 표현하기란 절대 불가능하다고 생각했는데, 만화라는 형식으로 나타날 줄이야……. 처음 『노란 책』을 읽었을 때 충격은 지금도 잊을 수 없고 몇 번을 읽어도 놀랍다.

『티보 가의 사람들』은 우리 독서회의 원점이다. 그로부터 27년 후 이 장편소설을 1년 반에 걸쳐 다시 읽었다. 티보 가문 당주로서 위엄을 드러내고 싶어 하는 아버지, 장남 역할을 수행하며 의사로 살아가는 앙투안느. 그리고 주인공인 자크는 '성가신 둘째 아들'로서 아버지로부터 멀리 떨어져 반골 정신을 품은 채 성장해간다. "처음에는 자크 시점에서 읽었는데 세월이 흘러 두 번째 읽을 때는 아버지 시점에서 읽었다"는 멤버도 있었다. 아버지에게 반항만 하던 둘째 딸인 나는 감수성 예민하고 바르게 살 수밖에 없는 자크 티보를 아무튼 응원하며 읽었다. 엄격한 아버지에게 반항했지만 아버지 장례식 후 혼자 조용히 무덤을 찾아간 자크. 반전 삐라를 뿌리러 탄 비행기가 추락해 뜻을 품은 채 죽은 자크. "1914년 여름"이라고 중얼거리면 마음속에 자크가 살던 나날이 바로 되살아난다.

『노란 책』의 미치코처럼 나도 자크에게 몇 번이나 말을 걸었던가. "당신은 전쟁을 막을 수 없음을 알았을 때, 그럼에도, 아니, 그래서 목숨 걸고 마지막으로 무언가 하고 싶었던 거군요. 선동적인 삐라를 쓸 때 그 고양감, 저는 잘 이해됩니다. 한 가닥 희망과 압도적 절망감을 안고 당신은 비행기에 탔습니다. 그때 누구나 죽을 장소를 찾는 것처럼, 어쩌면, 당신도 자신의 삶을 어떤 형태로든 정리하고 싶었던 걸까요. 적어도 영혼을 담아 쓴 삐라와 함께 하늘에 뿌려지길 바랐던 거죠. 그런 결말은 너무합니다. 아마 당신은 입을 다문 모습으로, 그 시선으로, 전쟁이란 이렇게 비참하다고 전하고 싶었겠지요. 그 마음이 고통스럽게 전해졌습니다." 그러고 보니 자크가 죽은 「1914년 여름」 편을 독서회에서 읽은 것이 딱 100년 후인 2014년 여름이었다.

언제였더라, 오즈 야스지로 감독의 〈초여름〉(1951년)이라는 영화를 보는데 역 플랫폼에서 하라 세쓰코가 연기하는 여성이 얼마 후 결혼할 남자와 『티보 가의 사람들』 이야기를 하며 "어디까지 읽었어요?", "아직 4권 중반이요"라고 대화하는 장면이 나왔다. 야마노우치 요시오 번역가가 전권 번역을 끝낸 해가 1952년이니까 그때까지 사람들은 다음 권을 기다리며 읽었음이 엿보인다. 어머니도 가끔 이 책을 이야기하곤 했다. 그 기억이 어딘가에 남아 있던 모양이다. 대학생 때 하쿠스이샤에서 나온 『티보 가의 사람들』 전 5권을 입수해 푹 빠져 읽었다. 파라핀을 입힌 노란색 표지가 인상적이었다(지금은 하쿠스이U북스라는 신서 사이즈 책으로 전 13권). 학생 시절 읽은 대부분 책을 처분했지만 이 책만은 지금도 내 방에 놓인 유리문 달린 책장에 당당히 자리를 차지하고 있다. 이제는 색이 많이 바랜 노란색 표지가 눈에 띌 때마다 '아, 이 책을 펼치면 언제든 자크와 만날 수 있지' 생각한다. 그 정도로 『티보 가의 사람들』은 내게 청춘의 서書이며 독서회의 큰 축이며 지금까지 읽은 책 중에서 다섯 손가락 안에 드는 책이 틀림없다.

중학생 무렵, 죽음에 강한 공포심을 가졌더랬다. 하지만 어느 날 데즈카 오사무의 『불새』를 읽고 생과 사를 둘러싼 생각이 극적으로 달라졌다. 거실 테이블에서 『불새: 미래편』을 읽으며 나는 수억 년 후 지구에 있었다. 모든 생명이 멸종한 황량한 대지에 불새로부터 영생을 받은 노인이 방황한다. 인간은 죽음이 있기에 살아갈 수 있다. 인생관이 근본부터 흔들리던 그때 바로 옆에서 어머니가 파를 썰던 모습을 기억한다. 어머니는 그때 딸이 정신세계의 천변지이를 경험하고 있을 줄 생각조차 못했으리라. 책을 읽는다는 건 그런 것이다.

▍로제 마르탱 뒤 가르, 『티보 가의 사람들』 전 13권, 야마노우치 요시오 역, 하쿠스이U북스
▍다카노 후미코, 『노란 책: 자크 티보라는 이름의 친구』, 고단샤

코로나19 시기 다시 읽은 『페스트』

2020년 봄 이후 코로나19 때문에 독서회에서 직접 만나

이야기를 나누지 못해 쓸쓸했다. 온라인을 이용하면 어떻겠냐는 의견이 나왔지만 고령자가 여러 명이라 "인터넷 사용 환경이 갖춰져 있지 않다", "화면에 내 얼굴이 나오는 게 불편하다" 등 부정적 반응을 보였다. 나도 업무 때문에 사용해 봤는데 화면 너머로 발언 타이밍을 맞추기 어렵고 하고 싶은 말을 충분히 할 수 없어 답답했다. 사무적인 대화라면 몰라도 독서회는 상대방 의견을 듣고 자극받아야 하고 싶은 말이 생기는 법이다. 다른 사람 이야기를 방해하지 않으면서 자신도 지나친 양보 없이 발언하기 위해서는 뭐라 설명하기 힘든 미묘한 타이밍이 중요하다. 그런 의미에서 독서회는 재즈 세션이나 연극에 가까운 활동일지도 모른다. 요컨대 라이브 감각이 필수다.

예를 들어 멤버가 열 명이나 되면 실제로 모여 얼굴을 보지 않고는 깊이 있는 대화를 나누기가 어렵다. 우리는 늘 무의식 속에 상대 얼굴의 미묘한 표정과 음성, 호흡을 실시간으로 감지하며 이야기한다. 독서회 목적은 의견 교환뿐만 아니라 그 공기를 공유하는 것이 아닐까.

온라인 개최마저 어려우니 읽고 싶은 책이 점점 쌓여만 갔다. 그래서 적어도 각자 과제도서를 읽은 후 메일링 리스트에 감상문을 쓰기로 했다. 4월엔 『아돌프의 사랑』(뱅자맹 콩스탕), 5월엔 『페스트』(알베르 카뮈)를 읽었다. 『페스트』는 아주 오래전에 다룬 적이 있는데 화제가 된 요즘 다시 한번 읽고 싶다는 목소리가 높았다. 알제리의 오랑이라는 도시에 페스트가 창궐해 도시 전체가 봉쇄되는 상황은, 신종 코로나바이러스에 휘둘리는 우리 경험과 닮았다. 다시 읽으면 공감할 부분이 분명 있으리라는 제안이었다. 이 시기에 읽기엔 우울하진 않을까 생각했건만 읽어보니 전혀 다른 인상을 받았다.

페스트라는 음울한 느낌과는 정반대로 읽은 소감은 오히려 시원했다. 예전에 읽었을 때는 먼 세계 이야기일 뿐이었던 『페스트』가 이번에는 그야말로 이 세계 상황을 반영하고 있었다. 예를 들어 역병의 전조를 알아차린 뒤 빨리 손을 쓰려는 '전문가'와 어떻게든 축소하려는 정치가들의 공방. 막상 도시가 봉쇄될 때까지 사태의 심각성을 외면하던 사람들이 느낀 당혹감. 사람과 만나기를 두려워하면서도 삶을 구가하려는 욕구. 가족과 이별조차 허락되지 않은 채 매장되는 비참한 최후.

이 작품은 페스트를 다루지만 사실 페스트가 아닌 다른 어떤 재앙이어도 상관없다. 사람들과 페스트의 싸움은 배경으로 물러나고 오히려 등장인물들이 비상시 어떤 태도를 취하고 어떻게 변화하는지에 초점을 맞춘다. 그들은 각자 카뮈의 기질과 신념을 조금씩 체현한 듯하다. 의사 리외는 '성실험'을, 솔선해서 보건대를 결성하는 타루는 '정의'를, 신문기자 랑베르는 '연대'를, 파늘루 신부는 '신앙'을, 말단 공무원 그랑은 '우직함'을, 밀매업자 코타르는 '약함'을, 천식에 걸린 할아버지는 '체념'을.

이 중에서 카뮈가 누구보다 자신의 생각을 담아 그린 인물이 타루다. 리외도 물론 카뮈 일부지만 기록자이기도 해서 극단으로 치닫는 일 없이 냉정함을 유지하려 한다. 카뮈는 종종 타루의 입을 빌려 자기 의사를 표현한다. 사형은 아무리 정당화하려 해도 살인이다. 하지만 자신 또한 그것을 간과하며 살인에 가담해왔다. 우리는 모두 페스트 안에 있는 것이다. 페스트 환자는 사형을 선고받은 자이며 우리 자신이기도 하다. 그리고 때로 전쟁이기도 하고 혁명이기도 하다. 모든 경우에 희생자 편에 선다는 타루의 말은 그대로 카뮈의 말이라 생각된다.

카뮈는 고향 알제리의 독립운동을 두고 장 폴 사르트르와 결별했다. 혁명을 위해서는 폭력도 용납해야 한다는 사르트르에 반해 카뮈는 끝까지 폭력에 반대하며 "나는 정의를 믿는다. 그러나 정의보다 먼저 내 어머니를 지킬 것이다"라고 말했다. 그래서 알제리 독립 지지자들한테 배신자라는 소리까지 들었다.

판사 아들이 페스트에 걸려 장렬한 최후를 맞이하는 장

면은 압권이다. 소년에게 혈청 주사를 시도하고 의사와 신부들이 소년의 곁을 지킨다. 몇 달 동안 그들은 아이들이 죽어가는 모습을 지켜보았지만 이때 비로소 무고한 이들이 겪은 단말마의 고통을 구체적으로 목격했다. 파늘루 신부도 페스트에 걸려 사제가 의사에게 진찰을 받으려 한다면 거기엔 모순이 있다는 극단적인 말을 하며 모든 것을 받아들인 채 죽어감으로써 하나님 뜻을 몸소 실증했다.

『페스트』는 작가로서 카뮈 역량이 어느 정도인지 느끼게 해준 작품이다. 인간에 대한 예리한 관찰력은 물론이고 곳곳에서 보이는 시적 표현이 아름다워서 마음에 와닿는다. 인간 성의에 무한한 믿음을 가진 카뮈는 어디까지나 매력적이다.

카뮈는 어린 나이에 아버지를 전쟁으로 잃고 매우 가난한 소년 시절을 보냈다. 집에는 책 한 권 없었고 어머니는 글도 읽을 줄 몰랐다. 가족 간에 대화도 없었다. 초등학교에서 만난 선생님에게 재능을 인정받아 특별 수업을 받았고 그 덕에 진학할 수 있는 길이 열린다. 노벨상 수상 연설에서 선생님에게 감사를 표한 모습은 감동적이었다. "수상 소식을 듣고 나는 어머니를 떠올렸고 그다음에는 제르망 선생님을 생각했습니다. 지금도 나는 선생님께 감사할 뿐인 어린 학생입니다."

한참 더 쓸 수 있었을 재능 넘치는 카뮈가 젊은 나이에 세상을 떠난 것은 안타까운 일이 아닐 수 없다. 그는 생전에 "교통사고로 목숨을 잃는 것만큼 어리석은 일이 없다"고 말했다. 부서진 차 옆에 떨어진 애용하던 가방, 그 안에 든 것은 미완의 자서전 『최초의 인간』 원고였다.

■ 알베르 카뮈, 『페스트』, 미야자키 미네오 역, 신초분코

『노트르담 드 파리』와 사랑에 빠져

몇 년 전 내가 근무하는 학교 예술 감상회에서 학생들이 극단 시키의 〈노트르담 드 파리〉를 봤다. 그 후 한 학생이 원작인 빅토르 위고의 『노트르담 드 파리』를 빌리러 왔다. 상하권으로 된 두꺼운 장편소설이다. 보통 대출 기간이 일주일이라 그녀는 몇 번이나 카운터에 기한 연장을 하러 왔는데 가름끈이 있는 책장을 보니 거의 진도를 나가지 못했다. 몇 번째였을까, 드디어 "이제 됐어요"라며 다 읽지 않은 채로 반납하러 왔다.

마침 그 무렵 나도 독서회에서 『노트르담 드 파리』를 읽었기에 그녀가 어디에서 좌절했는지 상상이 갔다. 예전에 독서회에서 『레 미제라블』을 읽은 터라 이 작가 책에는 '좌

절 포인트'가 있음을 알았다. 하지만 그 지점을 넘어서면 나머지 이야기는 빠르게 진행된다.

『노트르담 드 파리』 역시 마찬가지다. 씨실과 날실이 교묘하게 얽힌 중층적 구조라 독자로 하여금 연달아 책장을 넘기게 만든다. 통속적이라 한다면 그럴지 모르겠지만 읽는 사람을 몰입시키는 필력은 대단하다. 이야기 시작인 축제 장면에서 많은 등장인물이 뒤섞이며 이 작품이 군상극임을 예감하게 한다. 확실히 왕부터 거지까지 등장해서 누구나 활기차게 좋든 나쁘든 활약한다. 『레 미제라블』도 그랬지만 작가는 군중을 개개인의 인간으로 그린다. 위정자 측에서 보면 어중이떠중이인 그들에게도 저마다 이름이 있고 인생이 있음을 보여준다.

추한 모습으로 태어나 버려진 아기를 노트르담대성당 주교 프롤로가 데려다 키운다. 콰지모도라는 이름을 얻은 그 아이는 추한 외모 탓에 노트르담대성당 밖으로 나가지 못한 채 종지기 일을 맡는다. 대성당을 우주처럼, 종을 자기 형제처럼 여기며 자란 콰지모도가 애틋하게 종을 치는 묘사는 마음을 울린다. 이야기 속에서 내가 가장 좋아하는 장면이다.

중간중간 유럽 건축사가 길게 나오는데 고등학생은 보통 여기에서 포기한다. 독서회에서도 이 부분이 힘들었다는 의견이 나왔고 반면 아주 재미있게 읽었다는 감상도 나왔다. 인쇄술이 보급되기 전에는 건축이 책의 역할을 해왔다는 역사를 알면 건축을 보는 눈이 달라진다. 위고는 소설 속에서 깊은 학식을 드러낼 때가 많다. 서정적인 묘사가 유능한 시인인 동시에 사회파 작가이기도 하다. 위고가 이 작품을 쓴 목적 중 하나가 프랑스혁명으로 황폐해진 노트르담 대성당을 되살리는 것이었다. 그런 생각이 정부를 움직였고 대성당은 1845년부터 20년에 걸쳐 복원됐다.

콰지모도는 아름다운 무용수 에스메랄다를 사랑하게 되고 이루지 못할 사랑에 괴로워한다. 그러나 그보다 더 큰 고통을 겪던 이는 에스메랄다에게 첫눈에 반한 프롤로였다. 성직자 신분으로 여성에게 욕망을 품는 일이 허락되지 않음을 알면서도 그녀를 강제로 자신의 것으로 만들려고 한다. 반면 에스메랄다는 미남 청년 피버스에게 푹 빠지지만 그에게는 약혼녀가 있다. 모두 짝사랑을 하고 그 어느 사랑도 이루어지지 않는다. 결국 저마다 격렬한 감정은 파멸로 치닫는다. "콰지모도는 자신의 추한 외모에 괴로워했는데 사랑에 빠지는 상대는 역시 아름다운 사람인가. 그것이 부조리하다"라는 감상과 "아니, 광장에서 구경거리가 됐을 때 유일하게 손을 내밀어준 에스메랄다의 친절함에 태어나서 처음으로 인간의 온정을 느꼈기에 사랑한 거다"라는 의견이 대립했다.

이야기 규모가 크고 등장인물 심정을 묘사하는 필치가 섬세하다. 나는 이 소설에 완전히 매료됐다. 에스메랄다가 사실 어릴 때 집시에게 납치됐고 그 딸과 재회하기만 바라며 은둔 생활하는 어머니. "이 모녀 관계는 묻히기 쉽지만 씨실의 하나로서 서서히 작용한다"는 소감도 나왔다. 에스메랄다는 피버스 살인 미수죄로 교수형에 처해진다. 사랑을 잃은 콰지모도는 에스메랄다가 묻힌 곳을 찾아가 그녀 유골을 안고 죽는다. 결국 두 사람 뼈는 하나가 되었고 분리하려 하자 산산조각이 나고 만다. 『레 미제라블』도 무덤 장면으로 끝나는데 이 부분이 정말 로맨틱하다. 이는 시인인 위고만이 쓸 수 있다.

책을 다 읽은 후에도 이야기 여운에 오랫동안 잠기고 싶어서 옛날 흑백영화 〈노트르담의 꼽추〉와 디즈니 영화 〈노트르담의 꼽추〉를 보았다. 둘 다 재미있었지만 권선징악 해피엔드로 바뀐 결말이 원작과 전혀 달랐다. 그 후 NHK 〈100분 de 명저〉라는 프로그램에서 이 책을 다뤘는데 '과연 그런 해석도 있구나' 하면서 흥미롭게 봤다. 예를 들어 '마돈나'를 향한 보상 없는 사랑이라는 점에서 콰지모도는 일본 영화 〈남자는 괴로워〉의 도라 씨와 닮았고, 손이 닿지 않는 아이돌을 사랑하면서 못생긴 자신이 상처받지 않게 한 발짝 물러나서 사랑을 외친다는 점에서 '오타쿠'였다. 프로그램 내용을 정리한 책도 구입해 복습했다. 가시마 시게루 교수는 위고 소설이 "신화나 서사시와 비슷한 '열린 구조'를 갖기" 때문에 "몇 번이고 새로운 생명을 불어넣는다"고 했다.

나는 노트르담대성당을 실제로 보고 싶어져서 파리를 방문했다. 센강 건너편 강가에서 시테섬의 대성당을 바라보았다. 성당 안으로 들어가 아름다운 스테인드글라스를 올려다보고 탑에 올라 파리 시내를 조망했다. 저 광장에서 에스메랄다가 춤을 추었고 저 골목에서 프롤로가 고뇌에 차 괴로워하며 걸었으려나 상상하면서……. 빅토르위고기념관에 들러 분명 위고도 보았을 창문 너머 보주광장을 바라보고 문호의 책상을 눈에 새겼다.

최종 마무리로 학생들이 감상한 극단 시키의 뮤지컬을 보러 갔다. 콰지모도 출생이 달라지는 등 이해하기 쉽게 각색됐지만 원작에 꽤 충실했고 결말도 해피엔드가 아닌 비극으로 제대로 그려졌다. 무엇보다 연출 방식에 감탄했다. 콰지모도가 타잔처럼 에스메랄다를 구출해 성역이다!를 외치는 장면은 최고였다. 탑에서 양아버지 프롤로를 떨어뜨리는 장면을 좁은 무대에서 어떻게 재현할지 궁금했는데 정말 멋진 연출이었다. 덕분에 기대 이상으로 즐겼다.

독서회에서 원작을 이야기하고, 영화를 보고, 해설서를 읽고, 파리에서 노트르담대성당과 빅토르위고기념관을 방문했다. 그리고 뮤지컬도 봤다. 이 이상 무엇이 있을까, 라고 할 정도로 『노트르담 드 파리』에 관해서라면 봐야 할 건 다 보았다. 이렇게 나는 풀코스로 전부 맛보았다. 노트르담대성당은 몇 번이고 되살아난다.

▪ 빅토르 위고, 『노트르담 드 파리』 상·하, 쓰지 도오루·마쓰시타 가즈노리 역, 이와나미분코
▪ 가시마 시게루, 『100분 de 명저 대성당 이야기』, NHK출판

T 씨에 대하여

매일 아침, 신문을 펼치면 우선 부고를 본다. 마흔여덟 살에 죽은 사람 바로 옆에 향년 아흔네 살인 사람이 있다. 살아온 햇수가 두 배나 차이 나다니, 이 얼마나 부조리한 일인가. 다음으로 직업. 작가, 정치가, 연극배우, 사업가······. 이 사람들은 어떤 삶을 살아왔을까. 단 몇 줄 경력에 그 사람의 일생을 가둔 것 같아 상상이 가질 않는다.

요전에 부고에서 낯익은 이름을 발견했다. 독서회에 오랫동안 참가한 T 씨였다. 이름과 나이로 보아 본인임에 틀림없었다. 그런데 왜 T 씨가 신문 부고에 실린 걸까, 생각할 틈도 없이 '전前 사장'이라는 글자가 눈에 들어왔다. 엇? 놀랐다. 잠시 어리둥절하다가 위키피디아를 열어 정말 그 T 씨가 맞는지 확인할 수밖에 없었다.

T 씨는 80대 남성으로 독서회에 10년 이상 참가했다. 키가 크고 댄디하며 인품이 온화했다. 모임에 항상 일찍 와서 테이블과 의자를 정렬해놓았다. 여행을 다녀오면 기념품으로 고급 과자를 들고 오는 일도 있었다. 표표한 분위기를 풍기는 T 씨는 자신이 먼저 말하진 않아도 관심을 유도하면 한두 마디 책에 대한 감상을 말하곤 했다. 예전에는 남성 멤버가 두 명이었는데 T 씨 한 명만 남았다. 그때부터 농담 반 진담 반으로 '남성 대표'인 T 씨 의견을 구했는데 그러면 곤란한 표정을 짓던 모습이 인상 깊었다. 소설보다는 논픽션을 좋아해서 『문명의 붕괴』(재레드 다이아몬드)나 『슬픈 열대』(클로드 레비 스트로스)를 다룰 때는 활발하게 발언했다. 『잃어버린 시간을 찾아서』나 『레 미제라블』 같은 대하소설도 함께 읽었기에 나에게는 마라톤을 몇 번이나 함께 뛴 동료 같은 존재였다. 독서회에서 읽은 소설 중에 『마의 산』(토마스 만)을 가장 좋아했다.

얼마 전부터 독서회가 열리는 커뮤니티센터까지 걸어오기가 힘들다며 참가하지 않았다. 그래도 가끔 T 씨한테 엽서가 왔다. 마지막에 받은 엽서에 멋스럽고 독특한 필체로 "맛있는 커피집을 아니 다음에 대접하겠습니다"라고 적혀 있었다.

현역 시절 T 씨가 방송국에 근무했다는 사실은 알았다.

독서회에서 잡담을 나눌 때 어떤 일을 했는지 물어봤더니 한 민영 방송사 이름을 댔다. 멤버 중 한 명이 관심이 갔는지 구체적으로 어떤 일을 했냐며 보도 부문이었는지 프로그램 제작이었는지 물었다. 그러자 "아뇨, 저는 경리 비슷한 업무였어요……"라고 말을 흐리며 자세한 이야기는 하지 않았기에 더는 화제에 올리지 않았다. 다만 학창 시절은 가끔 이야기했다. "도서관에서 아르바이트를 했다"는 말에 내가 관심을 보이자 "대학 도서관에서 아르바이트를 하면 학비를 아낄 수 있었어요. 또 책을 원하는 만큼 읽어서 좋았지요"라고 웃는 얼굴로 얘기하던 모습을 기억한다.

평소 말수가 적은 T 씨도 작품의 역사적 배경이 화제에 오르면 멋진 해설을 덧붙여 박식함을 발휘했다. 옛날 외국 영화나 배우를 놀라울 만큼 잘 알았다. 누군가 영화 제목을 말하면 여배우 이름까지 줄줄 읊을 정도였다. 시사 문제에도 정통했고 본질을 꿰뚫는 말을 툭툭 던지기도 했다. 모파상의 『벨아미』를 읽을 때 주인공인 미남 청년이 보석상 앞에서 발걸음을 멈추고 고가의 크로노미터 시계를 바라보는 장면이 나왔다. '크로노미터'라는 익숙하지 않은 단어에 "남자가 보석상에서 사는 물건은 어떤 것일까?", "이 단어는 역주가 있으면 좋았을 텐데"라는 의견이 나오자 T 씨가 "아, 그건 태엽 시계에요"라며 한마디로 해결했다.

식도락가인 T 씨는 맛집도 잘 알아서 "그 집은 최근에 맛없어졌어요"라며 엄격한 평가를 한 일도 있다. 『오페라의 유령』(가스통 르루)을 과제도서로 선정했을 때 동명 뮤지컬이 화제가 됐는데 "저도 본 적 있습니다"라고 해서 당연히 극단 시키 공연이리라 생각했다. 그런데 뜻밖에도 "브로드웨이에서 봤습니다"라는 대답이 돌아왔다. "다른 사람이 데리고 가 줘서, 전 그냥 따라갔을 뿐이에요."

그런 사소한 대화 속에서 이 사람은 대체 어떤 사람일까, 궁금하긴 했다. 좀 더 빨리 인터넷에서 T 씨 이름을 검색해 봤으면 좋았을 것을. 그렇게 생각한 순간 흠칫했다. 만약 검색해서 T 씨의 경력을 알게 됐다면 우리는, 아니 나는 T 씨를 대하는 태도가 바뀌었을까? 그럴 리 없다. 그렇다면 신문 부고에서 '전 사장'이라는 글자를 보고 이렇게 충격을 받은 건 왜일까?

상대방 경력을 알면 그 사람을 향한 관심 종류가 달라질 가능성이 있다. 사장이라는 위치에 있던 사람이라면 나름대로 고생했을 터. T 씨는 비록 짧지만 일정 기간 중책을 맡아 조직을 통솔했다. 게다가 위키피디아 정보에 의하면 어떤 문제 때문에 책임지고 물러났다. 아마도 그 과정에서 우리는 상상할 수 없는 수많은 갈등을 겪지 않았을까. 대체 어떤 사정이 있었는지 궁금해서 직장인 도서관 신문 기사 데이터베이스에서 당시 기사를 몰래 검색해봤다. 그러자 언론으로부터 가혹한 추궁을 받고 사내에서도 비판을 받아 서서히 궁지에 몰리는 모습이 지극히 단편적이지만 전해졌다. 출세나 권력과는 무관해 보였던 온화한 그의 얼굴을 떠올리자 마치 내가 추궁당하는 것처럼 마음이 아프고 슬퍼져 참기 힘들었다. 동시에 T 씨가 직접 말하지 않은 과거를 엿봤다는 죄책감에 휩싸여 서둘러 화면을 닫았다.

큰 산을 몇 번이나 넘은 직업인으로서, 인생 선배로서 그에게 더 많은 이야기를 들었더라면 좋았을 걸, 이제 와 생각한다. 나의 부모한테는 그런 이야기를 들을 수 없었기에 부모와 같은 세대인 T 씨와 이야기를 더 나눠보고 싶다는 마음이 커질 따름이다.

독서회는 책 이야기를 나누는 게 목적이다. 멤버들을 연결하는 유일한 접점이 책이다. 그래서 서로 경력이나 가정사는 알지 못하고 묻는 일도 없다. 30년 이상 함께 책을 읽어온 동료지만 모임이 끝나면 바로 헤어져 각자 생활로 돌아간다. 그리고 다음 달에 같은 책을 읽고 같은 장소에 모여 책 이야기를 나눈다. 부고를 '숙독'하는 나를 제외한 다른 멤버들은 아무도 T 씨가 죽었다는 사실을 몰랐고 T 씨에 대해 부고에 적힌 단 몇 줄 경력조차 알지 못했다. 그건 본인 희망이기도 했다. 문학을 이야기하는 데 직함은 필요 없다.

독서회는 T 씨한테 어떤 존재였을까? 함께 이야기하며 가끔 잡담을 나누던 시간이 즐거웠을까? 커피를 대접받을 기회는 이제 영원히 찾아오지 않는다. 나는 어중간한 상태로 풀리지 않는 생각을 어떻게 처리해야 좋을지 알 수 없었다. 적어도 내가 알던 T 씨의 흔적을 어딘가에서 확인하고 싶었다. 컴퓨터에 이름을 입력하고 다시 한번 위키피디아를 열었다. 결코 길지 않은 인물 소개 마지막에 "취미는 독서"라고 적혀 있었다.

한심한 남자들 이야기

끝없이 펼쳐진 광활한 하늘, 한눈에 보이는 푸른 바다. 그런 풍경을 보고 있으면 고민 따위는 사소하게 느껴진다는 말을 자주 듣는데, 나는 단 한 번도 그렇게 생각한 적이 없다. 텔레비전에서 우주 이야기가 나오면 나도 모르게 시선을 돌린다. 수억 광년이라는 망막한 시공간을 상상만 해도 강렬한 허무에 휩싸여 의식이 멀어질 것 같아서다. 하지만 아무리 하늘이 넓은들 지금 이 순간 내 고민은 우주 전체보다 단연코 크다. 당연하다. 그렇지 않다면 문학이 탄생할 리가 없다. 문학에는 인간의 보편적 고뇌가 반복돼 그려져 있다. 그중에서 연애 고민은 끝이 없으며 이별 방법은 특히 어렵다.

『사과나무』

『사과나무』(존 골즈워디)의 주인공인 청년 어셔스트는 친구와 여행 중에 부상을 당한다. 시골 농가에서 신세를 지다가 그 집의 아름다운 딸 메건과 사랑에 빠진다. 결국 둘은 사랑의 도피를 계획하고 어셔스트는 준비하러 번화가로 나갔다가 지인 가족을 만난다. 그 집 딸과 친해진 어셔스트는 그녀에게 강하게 끌린다. 그리고 시골에서 기다리는 메건한테 돌아가지 않은 채 자기 신분에 어울리는 결혼을 해버린다. 단순하다면 단순한 이야기다.

독서회에서는 제멋대로인 어셔스트에 모두가 분개했다. 실컷 욕했다. 착하고 순박한 시골 처녀와 사랑에 빠지는 건 청년한테는 흔히 있는 일이고, 그 후 냉정해져서 다른 여성과 결혼한 것도 뭐, 용서해주자. 하지만 시골 처녀에게 제대로 이별을 고하지도 않은 채 말없이 떠나버린 건 너무 심하다. 남자로서도 인간으로서도 최악이다. "시대 탓도 있겠지만 어디까지나 남자 시점의 소설"이라는 의견이 지당하다. 하지만 "사랑이 만약 환영이라면 그 환영을 아름다운 그림처럼 영원한 것으로 만들어 보여준다"는 감상도 있었다. 확실히 이 작품은 연애와 풍경 묘사 모두 뛰어나게 아름답다.

그래도 안타까운 것은 순박한 시골 처녀 메건이다. 곁에 있을 수 있기만 해도 좋겠어라며 어셔스트를 그리워한다. 마차를 탄 어셔스트를 거리에서 발견하고는 달리는 마차 뒤를 끝없이 쫓아갔다. 그녀의 한결같은 마음을 생각하면 견딜 수가 없다. 이토록 메건에게 상처를 주고 결과적으로 죽음에 이르게 했음에도 어셔스트는 수십 년 후에 그 사실을 알게 된다. 쓸쓸한 추억으로 한때의 사랑을 떠올리며 아름다운 회한의 감정에 취한다.

그렇다. 어셔스트는 틀림없이 한심한 남자다. 하지만 메건을 향한 사랑에 거짓은 없었다. 그래서 이별을 고하지 못한 채 두 여성 사이에서 제 몸이 찢기는 고통을 맛보았다. 그런 우유부단함은 인간적이라면 인간적이다. 만약 내가 남자였더라도 똑같이 했을지 모른다. 자신한테 똑같이 중요한 두 개 중 하나를 선택해야 한다면 포기하고 버릴 하나를 어떻게 처리해야 할까. 바로 여기에서 그 사람의 본질이 어김없이 드러난다. 만약 불성실하게 처리할 수밖에 없다면 적어도 십자가로 짊어지고 평생 살아가야 한다. 어셔스트는 고통이 부족했기에 독자인 우리는 분노했던 게 아닐까.

마지막 장면에 나오는 그때 고결한 인간으로 살아가는 길을 선택한 어셔스트라는 문장에서 '고결'(원문은 virtue)이라는 단어가 이대로 괜찮냐는 지적이 있었고 어떤 번역이 적절할지 토론했다. 한 여성을 버리는 선택을 한 일이 왜 '고결'한지 납득이 가지 않았다. "자기(계급)에게 어울리는 진지한 선택을 했다"는 의미가 아닐까 하는 의견과 "애인을 두지 않고 여인 한 명과 백년해로했다"는 의미가 아니겠냐는 의견이 있었지만 어느 쪽이든 한 단어로 표현하기란 어려웠다. 결국 좋은 번역어가 떠오르지 않았다.

▌존 골즈워디, 『사과나무』, 호무라 리에 역, 신초분코

『아돌프의 사랑』

그리고 또 하나, 『아돌프의 사랑』이라는 작품도 『사과나무』 못지않게 남자 주인공이 한심하다. 『클레브 공작부인』(라파예트 부인)을 읽을 때는 서로 사랑하는 사이임에도 여주인공은 어째서 상대방을 받아들이지 않는지 답답해서 견딜 수 없었는데, 『아돌프의 사랑』은 반대로 이 두 사람은 왜 빨리 헤어지지 않는지 화가 나서 참을 수가 없었다. 아돌프는 순간의 감정에 이끌려 연상의 여인에게 사랑하는 마음을 털어놓지만 금세 식어버린다. 그런데도 이별을 말하지 못한 채 관계를 질질 끈다. 그러는 동안 상대 여성은 아돌프에 대한 의존도가 점점 높아지고 더 이상 사랑받지 못한다는 사실을 알면서도 모든 것을 버리고 아돌프한테 매달린다.

당시 여성은 남성에게 의존하는 것 외에는 살아갈 길이

없었다. 이 소설은 1816년에 출판됐으니까 꽤 오래된 작품이다. 하지만 심리 묘사가 치밀하다는 점은 놀랍다. 독서회에서도 가장 화제였다. 『클레브 공작부인』과 함께 심리소설의 시초로 불릴 정도로, 특히 주인공의 흔들리는 마음을 세세하게 묘사한 부분이 뛰어나다. 왜 미시마 유키오가 "콩스탕의 『아돌프의 사랑』이야말로 재독 삼독할 수 있는 소설"이라고 했는지 이해가 간다.

읽고 나서 이별이 이렇게나 귀찮고 어려운 일이었던가, 뼈저리게 느꼈다. 결혼보다 이혼이 훨씬 어렵다고 하는 이유다. 이미 애정이 없다는 사실을 서로 알면서도 도저히 헤어질 수 없다. 남자는 자기 보신과 상대에 대한 연민 때문에, 여자는 모든 걸 잃을지 모른다는 공포감 때문이다. 질질 끄는 연애 관계에는 그만큼 뿌리 깊은 무언가가 있다! 그런 관계는 모르는 사이에 우리 생활의 깊은 부분을 차지하고 만다. 그렇게 되기 훨씬 전부터 우리는 조용히 헤어질 각오를 하기 시작했다. 우리는 그것이 현실이 될 날을 오늘내일 기다리는 셈인데 막상 그날이 오면 공포로 가득 찬다. 이렇게 되면 벌써 서로 의존하는 관계다.

이럴 때는 외부에서 물리적으로 갈라놓는 방법밖에 없는데 그 역할을 담당해야 할 아돌프의 아버지는 도무지 악역이 못 되고 자기가 하지 못한 말을 지인 남작에게 전해달라고 부탁한다. 하지만 "아들에게 미움받더라도 진심으로 꾸짖어야 하는 것이 아닌가, 아버지가 그렇게 하지 않아서 아들이 반발한 게 아니냐"는 의견이 있었다. 그런 아버지의 내성적인 기질을 아돌프도 물려받았기에 "내성적 성격이 우유부단함으로 이어져 여성을 괴롭힌 것에 자기변명이 되었다"라는 의견이 정말 맞다. 주인공과 마찬가지로 작가 콩스탕 역시 내성적 성격으로 괴로워했고 자의식 과잉으로 고민했다고 한다.

어쨌든 부탁을 거절할 때나 이별을 고할 때처럼 상대에게 부정적 이야기를 전하는 일은 나 역시 매우 서투르다. 미루고 회피하면 잠시 평온을 얻지만, 결국은 상대방에게 상처를 주고 자기 삶도 망치거나 일하는 상대에게 피해를 입힌다. 거절이 최선이지만 그렇게 못 하는 아돌프 마음도 이해한다. 그래서 보편성을 가진 이 소설이 오랫동안 읽히는 것일지도 모르겠다.

그 후 여주인공은 상심하다가 쇠약해져 죽는다. 아돌프는 결과적으로 자유를 얻지만 그 많은 고통과 눈물의 대가로 얻은 자유를 누리지 못했다. 그리고 전과 다름없이 고뇌한다. "결국 고통의 원인은 상대가 아닌 자기 안에 있었던 게 아닐까"라는 의견에 모두가 고개를 끄덕였다. 어느 작품이든 주인공의 우유부단한 모습에 독자는 화가 난다. 그럼에도 '어쩌면 나도 그랬을지 모른다'는 생각을 하지 않을 수 없다. 거참, 잘 이별하기란 정말로 어려운 일이다. 예전에 독서회에서 읽은 『셰리』(시도니 가브리엘 콜레트)처럼 연상의 여성이 괴로운 속내를 드러내지 않고 자존심을 지키며 젊은 연인을 '석방'한다는 고도의 스킬은 정말 사랑에 빠지지 않으면 불가능하다.

▍뱅자맹 콩스탕, 『아돌프의 사랑』, 나카무라 요시코 역, 고분샤고전신역문고

물러섬의 쾌감

대학생 때 좋아하는 사람한테 데이트 신청을 받으면 기쁘면서도 만나기가 두려웠다. 만나면 행복하겠지만 두 사람 관계에는 어김없이 조금씩 상처가 나기 때문이다. 사소한 어긋남으로 서로의 결점이 보이기 시작하고 어느새 균열이 생겨 결국 관계는 깨질 수밖에 없다. 만나면 만날수록 끝이 가까워진다. 그게 너무 무서웠다. 그렇다면 차라리 만나지 않는 편이 낫다. 오히려 만나지 않는 시간이 더 '진짜' 같았다. 그래서 만나지 않으려 했다. 그러자 서로 좋아하는 관계가 어느새 자연 소멸해버렸다. 당연한 일이다. 『좁은 문』(앙드레 지드)을 읽었을 때 순수한 사랑이 '더러워지는' 것을

두려워해 깊이 사랑하는 상대를 일부러 멀리하는 알리사의 마음을 나는 가슴 아프도록 이해했다.

『클레브 공작부인』의 주인공 클레브 부인도 스스로 물러난 여성이다. 사람은 태어나는 순간부터 죽음이 시작된다. 과일은 열매를 맺는 순간부터 부패가 시작된다. 사랑이 시작된 순간부터 상처받기 시작한다. 역설적이지만 죽는 게 싫다면 사는 것을 그만두는 수밖에 없다. 사랑의 마모를 피하려면 사랑이 이뤄지지 않게 하는 수밖에 없다. 그런 건 말도 안 된다고 누구나 생각하겠지만, 클레브 부인은 관철했다.

'공작부인'이라고 하면 30대 이상의 성숙한 여인을 상상하기 마련이지만 아름다운 클레브 부인은 열여섯 살. 지금으로 치면 여고생이다. 진정한 사랑을 경험하지 못한 채 클레브 공의 열렬한 구애로 결혼해 남편을 진심으로 사랑하지 않는다. 어느 날 궁정에서 운명의 상대 느무르 공과 만난다. 느무르 공은 어떤 여성에게나 사랑받는 잘생기고 다정한 남자다. 연애 경험도 풍부했는데 유부녀인 클레브 부인을 만난 후에는 다른 여성이 눈에 들어오지 않는다. 클레브 부인도 느무르 공에게 매료되지만 마음을 겉으로 드러내지 않고 의지로 억누른다. 어머니한테 정숙해야 한다는 말을 들어왔기 때문이다.

"이 사람들은 연애 말고는 할 일이 없는 건가? 마치 여성지에나 나올 법한 소문과 연애 이야기뿐"이라는 감상이 나오는 것도 무리는 아니다. 궁정은 남녀가 만나는 자리였고 불륜도 드물지 않았다. 그런 와중에도 정절을 지키려는 클레브 부인. "사랑을 거부하려면 할수록 역설적으로 사랑의 강한 감정이 드러난다"는 의견은 정말 그렇다.

 남편은 아내를 받들어 모시며 사랑하지만 아내한테 사랑받지 못해 괴로워한다. 게다가 끝내 아내로부터 다른 남자를 사랑한다는 고백을 듣고 만다. 아내가 느무르 공을 향한 사랑을 굳이 남편에게 고백한 것은 사실 그 사랑을 결정적으로 봉쇄하기 위함이었다. "남편한테 이보다 더한 잔인한 고통이 있을까"라는 감상이 있었다. 성실하고 다정한 이 남편에게는 정말 비극적인 일이다. 결국 의심에 빠진 남편은 부인이 느무르 공과 통정한다고 오해해서 중병에 걸려 죽는다. 이렇게 되면 두 사람에게 더 이상 장애물은 없다. 하지만 전력을 다해 설득하는 느무르 공에게 클레브 부인은 거절하며 자기 의지를 굽히지 않는다. 언젠가 당신은 더 이상 나를 사랑하지 않게 될 거예요. 부끄럽지만 그렇게 되리라고 확신하는 것만으로 왠지 끔찍한 생각이 들고 의무를 다하지 않으면 안 될 이유가 사라졌어도 그런 불행을 향해 나아갈 용기가 안 생겨요.

 "읽으면서 안타까워 혼났다"라는 소감이 많았다. 두 사람은 서로 사랑하는데, 게다가 남편이 죽어 장애물도 사라졌는데 부인이 이렇게까지 계속 거절하는 이유는 남편에 대한 정절을 초월한 강한 의지 때문이 아닐까. 클레브 부인은 마침내 느무르 공에게 마지막 이별을 고하고 궁정에 나가는 것도 그만둔 다음 스스로 결심을 굳히듯 수도원에 들어간다. 이야기는 부인의 굳은 각오를 드러낸 문장으로 끝난다. 1년 중 반은 수도원에서 나머지 반은 자택에서 보냈지만 집에 있는 동안에도 외출은 거의 하지 않고 신앙에 몸을 맡긴 채 엄격한 수도원 생활과 다름없이 지냈다. 그녀의 일생은 결코 길지 않았다. 보기 드문 정절의 표본으로 전해진다.

'정절의 표본'을 어떻게 해석할지도 화제였다. 부인이 정절을 지키려 했다기보다 오히려 사랑을 온전한 상태로 유지하려는 의지를 관철했을 뿐인데 사람들이 '정절의 표본'으로 말한 것이 아니냐는 의견도 있었다. 그 후 경위는 자세히 그려지지 않아 독자의 상상에 맡긴다.

저자 라파예트 부인(마리마들렌 피오슈 드 라베르뉴)은 1634년에 태어났다. 이 책이 나온 건 1678년. 일본은 에도시대였다. 『클레브 공작부인』은 프랑스 심리소설의 선구적인 작품이라고 한다. 그전까지는 등장인물의 움직임으로 성립되던 소설에 내면 묘사가 등장함으로써 독자는 눈에 보이는 행동과 상반되는 등장인물의 속마음까지 알게 됐다. 하지만 "이 작품은 전근대적이다"라는 의견도 있었다. 예를 들어 느무르 공이 부인의 고백을 엿듣는 장면이나 편지 한 통으로 오해가 생기는 장면 등 "너무 연극적이어서 마치 오페라를 보는 것 같았다"는 말에 모두가 고개를 끄덕였다.

결혼 전에는 '샤르트르 양'이었다가 결혼 후에는 '클레브 부인'으로 불렸다. 작중에서 이름을 부여받지 못한 주인공(그러고 보니 작가 이름도 '라파예트 부인'이다). 여성이 이름을 가진 한 사람으로 취급받지 못했던 시대, 열여섯 살 그녀의 다부지고 강인한 의지가 슬프고도 서늘한 이야기다. 단, 나는 슬픈 사랑이라는 표면 뒤에 그녀가 '쌍방 사랑임에도 굳이 결실을 맺지 않은 만족감' 또는 '물러섬의 쾌감'에 취해 있던 것이 아닐까 생각한다. 뒤로 물러서는 자기희생적 행위는 동시에 쾌감을 동반하기 때문이다.

▮ 라파예트 부인, 『클레브 공작부인』, 나가타 치나 역, 고분샤고전신역문고

서머싯 몸의 늪에 빠지다

서머싯 몸의 늪에 빠지면 빠져나올 수 없다. 한 번 읽기 시작하면 멈출 수 없고, 작품 하나를 읽으면 다음 작품이 읽

고 싶어진다. 그 정도로 이 작가는 교묘하다. 읽는 사람을 유혹하는 그 손에 붙들리면 차라리 서머싯 몸의 늪에 푹 빠지고 싶다.

『인간의 굴레』

『인간의 굴레』는 서머싯 몸의 자전적 소설이라 불리는 작품이다. 주인공은 어렸을 때부터 다리가 불편해 열등감을 느끼는 소년 필립이다. 어머니와 사별하고 목사인 큰아버지 집에서 자란다. 머지않아 고향을 떠난 그는 밀드레드라는 여성에게 빠져든다. 그리고 자신에게 그림 그리는 재능이 있다고 생각해 미술학교에 다니지만 얼마 안 가 재능이 없음을 깨닫고 이번에는 의사가 되기로 결심한다. 대체 이 청년은 어떻게 될까, 언제 밀드레드와 헤어질까, 조마조마하면서 뒷이야기가 궁금해 읽지 않고는 견딜 수 없었다.

독서회에서는 "친구 크론쇼에게 받은 카펫은 어떤 의미일까?"가 화제였다. 이 물음은 소설을 관통하는 주제이기도 하다. 카펫 그림 무늬에 담긴 의미를 찾아내지 않더라도 거기에 표현된 예술을 맛보면 된다는 것이다. "인생은 의미가 없기 때문에 자유롭게 자기 책임으로 살아가면 된다는 지극히 실존주의적 주제가 아닌가"라는 감상이 있었다.

그런데 이 밀드레드라는 여성은 천박하고 정 없으며 제

멋대로고 무식해서 좋은 점이라곤 하나도 없다. 필립 자신도 그것을 잘 알면서도 왜 이렇게 집착하는 것일까? 물론 의견이 분분했다. 이성으로 어찌할 수 없는 것이 사랑이다, 이쪽을 바라봐주지 않기에 쫓아가고 싶어진다, 남자는 마성의 여자에게 끌리는 법이다 등등. 그는 결국 밀드레드의 저주에서 벗어나 현실적이고 안정적인 인생에 발을 내딛기로 결심한다. 필립이 마지막에 선택한 삶의 방식은 평범하면서 카펫의 가장 아름다운 그림 무늬 즉 사람은 태어나 성장해 자식을 낳고 빵을 위해 일하다가 죽는다였다.

서머싯 몸은 이 소설을 독자를 위해서라기보다는 자신을 위해 썼다고 한다. 그와 관련된 모든 사람을 등장시키고 그가 경험한 많은 일을 세심하게 그려냄으로써 과거의 망령은 모두 달아나고 고정관념으로부터 해방되었다. 자신의 경험을 이야기라는 형태로 승화시키는 작가는 얼마나 행복한 사람인가. 새삼 부러웠다. 그러고 보니 철학자 루트비히 비트겐슈타인도 그의 대표작 『철학적 탐구』를 자기 치료를 위해 썼다. 그들에게 문학이나 철학은 셀프 카운슬링의 수단이었나 보다. 여행을 좋아했던 서머싯 몸은 일본을 방문한 적도 있다. 건강하지 못했던 것에 비해 장수했다.

▌서머싯 몸, 『인간의 굴레』 상·하, 나카노 요시오 역, 신초분코

『달과 6펜스』

제목은 누구나 알지만 왠지 문학 초심자용 소설 같아서 오히려 멀리하는 작품일지 모른다. 실제로 읽어보면 엄청나게 재미있는 작품이다. '통속소설'이라 불렸지만 굵직한 천재 한 사람의 삶을 생생하게 그렸기에 뛰어난 통속소설이라 할 만하다.

주인공 스트릭랜드는 어느 날 무언가에 홀린 듯 그림을 그리기 시작, 일도 가족도 버리고 예술의 도시 파리로 떠난다. 하지만 그곳에서도 원하는 것을 얻지 못하고 방랑 끝에 서구 문명과 단절된 타히티에서 안주할 곳을 찾아낸다. 오로지 그림만 그리는데 마지막에 한센병에 걸리고 시력을 잃은 뒤에도 오두막 벽면에 그림을 그리다가 죽는다. 그림을 본 사람은 의사와 아내 아타 뿐. 아타는 스트릭랜드의 유언에 따라 오두막을 불태운다. "아무에게도 보여주지 않고, 칭찬받는 일도 인간 정신을 고무하는 일도 없는 예술에 과연 의미가 있는 걸까"라는 이야기가 화제가 됐다.

『인간의 굴레』와 비슷한 점도 몇 가지 있었다. 괴상한 인물에게 주위 사람들은 휘둘리지만 그를 포기할 수 없어 계속 보살펴준다던가, 예술적 재능을 타고난 사람과 보는 눈은 있지만 재능이 없는 사람의 잔혹한 관계(모차르트와 살리에리)라던가. 『인간의 굴레』가 종교나 삶의 보람 같은 가치관의 '멍에로부터의 해방'을 주제로 한다면 『달과 6펜스』는 이를 더욱 과격하게 다루며 문명적 가치관 그 자체의 해방을 스트릭랜드라는 인물로 상징화해 그린 것이 아닐까.

금전이나 명예, 사교로부터의 해방만이라면 그다지 충격적이지 않았을 텐데 스트릭랜드처럼 "사람을 괴롭히는 두려움에서조차 해방된다는 인물 묘사에 놀랐다"는 감상이 있었다. 평범한 감정을 지닌 인간이라면 타자를 괴롭히는 행위에 어느 정도 갈등한다. 하지만 생각해보면 선악 판단도 결국 인간이 사회생활 속에서 정한 기준에 불과하다. 그 기준에서 일탈하면 주위로부터 미움받기 때문에 살아가기 힘들어질 뿐이다. 만약 그조차도 신경 쓰지 않는다면 그 인물을 억압할 것은 아무것도 없다. 누가 어떻게 생각하든 일체 신경 쓰지 않는다. 자신의 건강이나 생사조차 상관없다는 식이다. 속세를 떠난 사람 같은 감각이 이렇게까지 철저할 정도면 차라리 속이 후련하다. 목숨을 걸고 그린 벽화조차 불태워버리라고 명령하는 장면에선 그가 정말로 하고 싶었던 건, 말 그대로 그림을 그리는 일뿐이었음을 알 수 있다.

그에게는, 문명의 모든 가치를 부정하는 인물이 풍기는 오라가 있다. 그렇기 때문에 그에게 매료되는 사람들이 반드시 생기고 화자인 '나'도 남모르게 매료됐다. "화자는 그런 가치관에 얽매인 자신의 속물 본성을 그에게 들키지 않으려

했던 게 아닐까"라는 감상도 있었다. 비인간적 인생을 산 스트릭랜드. 타히티라는 땅과 깊은 애정과 배짱 있는 여성 아타가 그를 인간성 쪽으로 이끈 건 일종의 구원이라는 생각이 들었다.

▪ 서머싯 몸, 『달과 6펜스』, 쓰치야 마사오 역, 고분샤고전신역문고

『어셴든, 영국 정보부 요원』

서머싯 몸의 소설은 확실히 재미있지만 "독자를 기쁘게 하려는 속셈이 보여서 여우 같다"는 의견도 있었다. 이에 화답이라도 하듯 『어셴든, 영국 정보부 요원』 서문에서 서머싯 몸은 자신의 소설 작법이 어떤 신념을 토대로 한다고 스스로 밝힌다. 소설은 사실과 닮아야 한다고 말한 작가들이 쓰는 글은 진부하다고 잘라 말하면서 몇 가지 사실로 독자가 즐거워하는 소설을 쓰는 것만이 작가의 실력이라고 강조한다. 확실히 이 소설은 엔터테인먼트 성격이 강한 작품임에 틀림없다. 제1차 세계대전 중 서머싯 몸은 첩보원으로 활동했다. 그 경험을 살려 쓴 소설이 이 작품이다. 재미있다. 읽기 시작하면 멈출 수 없다. 역시 스토리텔러 서머싯 몸이다.

하지만 소위 스파이 소설은 아니다. 스파이가 활약하는 사건이나 암약을 그린 소설이 아니다. 서머싯 몸이 쓰고 싶었던 것은 첩보원 앞에 나타나는 '인물들'이다. 첩보원 어셴

든이 파견된 곳에 다양한 인물이 등장한다. 조국을 배신한 스파이나 언뜻 보기에 고지식하고 붙임성 없는 영국 대사. 냉혹한 킬러지만 어딘가 모르게 귀여운, 미워할 수 없는 멕시코인도 있고, 낭독하는 버릇과 수다로 어셴든을 질리게 하면서도 순수한 정의감을 지닌 미국인도 있다. 아무튼 등장인물 하나하나가 참을 수 없이 매력적이다. 어셴든은 그들을 얄궂게 그려낸다. 거기에는 신랄하면서도 인간에 대한 애정이 있고 영국 소설다운 유머가 있다. 하드보일드 한 대사도 여기저기서 얼굴을 내민다.

멕시코에서는 남자와 술 사이에 끼는 것은 모욕이랍니다. 그것을 몰랐던 네덜란드인이 그와 카운터 사이를 가로지르자 그가 순식간에 리볼버를 뽑아 쏴 죽였다는 이야기죠.

그래서 괜찮았나요?

아, 명문가 출신인 것 같았어요. 사건은 쉬쉬하며 무마됐고 신문에는 네덜란드인이 자살했다고 실렸죠. 자살행위라고 볼 수밖에요. 상대는 사람 목숨 따윈 아무렇지 않게 생각하는 남자라서.

예의 바르고 흠잡을 데 없는 영국 대사가 어셴든을 앞에 두고 옛날에 곡예사 여인에게 사랑에 빠져 고생했던 이야기를 늘어놓는다. "어셴든에게 꾸미던 가면을 벗고 민낯을 보여주는 영국 대사가 어리석고 안됐다"는 의견이 나왔다. 교양 없고 아름답지도 않은 여자 곡예사한테 농락당하는 부분에서 『인간의 굴레』를 떠올리게 한다. 사실 대사가 그 여인에게 비참할 정도로 빠진 건 그녀가 자신을 바라봐주지 않아서다. 수치를 당했다고 생각한 그는 자존심에 큰 상처를 입었다. 눈물을 흘리며 괴로운 마음을 털어놓는 대사에게 어셴든은 이렇게 대답한다. 영혼을 괴롭히는 감정 중에 허영심만큼 파멸적이고 보편적이고 뿌리 깊은 것은 없습니다. 그리고 허영심의 힘을 부정하는 것이라면 허영심뿐입니다. 이 대목은 독서회에서 가장 치열한 토론이 이뤄졌던 부분이다. 허영심을 허영심으로 부정한다니 무슨 뜻일까. 어쩌면 '수치 당한 일'을 용납하지 않는 허영심은 '수치를 당한 일을 용납하지 않는 허영심에 고통받는 자신'을 용납할 수 없다는 허영심에 의해서만 부정할 수 있다는 게 아닐까? 그래서 생각난 것이 고이즈미 준이치로 총리의 일화였다. "스트레스는 무엇으로 해소하는가?"라는 질문에 "스트레스는 다음 스트레스에 의해서만 해소된다"라고 대답한 일이다.

1장에 나온 인물이 다시 등장할 줄 알았는데 다시는 등장하지 않았다. "1화 완결 에피소드 방식 때문에 독자는 중간에 내팽개쳐진 기분이 든다"라는 감상도. 변죽 울리는 대사에 저건 무슨 의미일까 곤혹스럽기도 하지만 그 자체가 스파이라는 직업과 닮았다. 스파이 본인은 상사의 명령에 따를 뿐 전체적인 그림은 알 수 없고 아는 것 또한 허용되지 않는다. 임무에 성공해도 아무도 고마워하지 않고 실패해도 누구에게도 도움 받을 수 없는 직업이다. 어셴든은 어떤 임무에도 끝까지 냉정하게 대처한다. 게다가 작가이기 때문에 인간 관찰을 빼놓지 않고 언젠가는 이것을 소설로 쓰겠다고 생각한다. 서머싯 몸이 자신의 경험을 어디까지 소설로 썼는지 모르겠지만 어쨌든 어른들이 재미있게 읽을 만한 작품임에는 틀림없다.

▍서머싯 몸, 『어셴든, 영국 정보부 요원』, 가네하라 미즈히토 역, 신초분코

테레즈는 나다

테레즈 데케루가 교회에서 사제를 물끄러미 관찰하는 장면을 읽었을 때 나는 번역 스승이었던 아가리에 가즈키 선생 장례식에서 목사가 했던 말을 떠올렸다. 장례식은 교회에서 치러졌는데 아가리에 선생은 크리스천이 아니었다. 그때까지 교회 장례식을 경험하지 못한 나는 목사의 이야기를 조금 삐딱하게 듣고 있었다. 하지만 목사가 아가리에 선생 병상을 방문했을 때 이야기를 시작하자 나도 모르게 귀를 기울였다. 세례를 권하는 목사에게 아가리에 선생은 이

렇게 대답했다고 한다. "내 인생은 인간의 지혜를 초월한 커다란 무언가에 이끌린 게 분명하지만 그게 신이라고 말하고 싶지는 않습니다." 이 대답에 목사는 "신의 말씀을 쉽게 입에 올리는 사람보다 신을 부정하고 비판하는 사람이 실은 신 가까이에 있습니다"라고 말했다고 한다. 나는 목사의 얼굴을 물끄러미 쳐다보았다. 혹시 이분도 신의 존재에 의문을 품고 갈등한 경험이 있는 게 아닐까. 이런 사람의 이야기라면 들어봐도 좋다. 그런 생각이 들었다.

테레즈는 남편 가족이 사제를 책만 읽는 사람이라며 싫어한다는 사실을 알고 사제한테 간다. 그를 관찰하며 사제로서의 갈등을 알게 된다. 이 사람도 한 번쯤 신앙에 의문을 품은 적이 있음을. 그런 사제가 말하는 것이라면 진심으로 귀를 기울여도 좋다고 생각했을지 모른다. 테레즈 주변에 있는 보수적이고 '선량한' 사람들은 자신들의 생활과 신앙에 일절 의문을 품지 않는다. 하지만 테레즈는 그것으론 만족하지 못했다. 지주인 남자와 결혼해 의식주에는 어떤 부족함도 없다. 남편과 일상생활에 불만을 갖는 행위가 부르주아 이기주의라고 한다면 그럴 것이다. 하지만 그녀는 자신의 고통을 정면에서 마주하고자 했다. 고해성사를 하면 용서받는다거나 기도하면 구원받는다고 타이르지만 그런 불합리한 용서는 받고 싶지도 않고 구원받고 싶지도 않다.

요컨대 종교라는 마취와 자기기만을 견딜 수 없어 한다.

대체 이 작품 어디가 '가톨릭 소설'인지 의문이 들었다. 어쩌면 작가 프랑수아 모리아크도 신의 존재에 의문을 품고 갈등하며 괴로워했던 게 아닐까. 그리고 이 소설에 매료된 엔도 슈사쿠도 유아세례를 받았지만 좋든 싫든 한 번쯤 기독교 신자가 된 것에 괴로워했다. "신을 부정하고 비판하는 사람이 실은 신 가까이에 있습니다." 아무런 의문도 품지 않고 맹신하는 선량한 사람들보다 갈등을 겪은 신앙이 훨씬 더 강함을 의미한다면 이 소설을 가톨릭 소설로 봐도 무방하다.

독서회에서 이 작품을 읽을 때 테레즈를 제멋대로라고 비판하는 목소리가 많았다. "테레즈는 남편에 대해 나쁘게 말하지만 사실 그는 지극히 평범한 사람이 아닌가"라는 평이었다. 확실히 그렇다. 남편은 특별히 나쁜 사람이 아니고 지주이기에 생활에 어려움을 겪지도 않는다. 살아갈 뿐이라면 충분하다. 차라리 먹고사는 일만으로 벅찬 생활이었다면 테레즈 같은 고민을 할 여유도 없다. 하지만 남편은 어디까지나 현실적인 사람이라 지적인 것에는 전혀 흥미가 없었다. 아내는 지적인 욕구가 충족되지 않아서 괴로워하지만 자신이 무엇 때문에 괴로워하는지 알지 못한 채 늘 답답한 마음을 품는다. 이 지루한 일상을 어떻게 할 수 없을까. 무언가를 바꾸고 싶지만 스스로 한 발짝 내디딜 용기가 없다. 만약 남편이 죽으면 그것이 계기가 될지도 모른다. 적극적으로 죽이려 하지 않아도 어떤 사고로 남편이 죽는다면 그것대로 좋다고 나는, 아니 테레즈는 생각했다.

독서회에서는 테레즈가 왜 남편을 독살하려 했는지가 무엇보다 문제가 됐다. "결심 끝에 행동에 나서며 인생에 바람구멍이 나버린 게 아닐까?", "아니, 애초에 그녀가 무엇을 바랐던 건지 보이지 않았다" 등 의견이 쏟아졌다.

남편을 죽인다고 하면 터무니없는 일이라고 여기겠지만 시험 삼아 인터넷에 '남편 죽이기'를 검색해보니 의외로 '남편을 죽이고 싶다'는 아내들이 많이 등장했다. 그것을 보며 나는, 역시 그런가 안심했다. 진심으로 남편을 죽이려 한다면 절대로 실패해서는 안 된다. 테레즈는 진심이 아니었기에 상처만 남긴 채 끝난다. 독살이 미수로 끝났을 때 세간 이목을 의식한 남편의 위증으로 테레즈는 기소를 면하게 된다. 하지만 그녀에게 그 결과는 안도할 수 있는 것이 아니었다. 사실은 "왜 나를 죽이려고 했어?"라고 남편이 묻길, 미친 듯이 분노하길 바랐다. 테레즈는 그렇게 생각했을 터였다. 살인미수라는 행위가 밝혀지면 스스로 책임질 각오가 서 있었다. 가족의 체면 때문에 고소하지 않고 용서하다니, 죄인이 되는 것보다 훨씬 굴욕적이다.

테레즈에게 결혼은 도피였다. 당시에는 누군가와 결혼하는 것 외에 여성에게 살길은 없었다. 현대에 이르러서도 도피로서 결혼을 선택하는 사람이 적지 않다. 하지만 막상 결혼을 해보면 움직일 수 없는 현실에 직면한다.

나에게도 결혼은 도피였을지 모른다. 어쨌든 친정에서 도망치고 싶었다. 남편은 문학에는 전혀 관심 없는 사람이었다. 책 읽는 모습을 결혼하고 한 번도 본 적이 없다. 책뿐만이 아니라 음악에도 미술에도 여행에도 아무것에도 관심이 없었다. 물론 아내한테도 관심이 없었다. 부부 대화 따위는 거의 없었다. 결국 나는 혼자서 여행을 떠났다. 일본 각지로컬선(지역 철도)을 타고 차창 너머로 바다를 바라보며 혼자서 온천 여관에 묵었다. 나홀로 여행을 시작해보면 이것만큼 쾌적한 게 없다. 왜 더 일찍 시작하지 않았을까 후회했다. 부부라면 함께 여행해야 한다고 생각했기 때문이다. 부부라면 둘이서 책에 대해 이야기하고 가끔은 밖에서 식사를 하고 때로는 영화를 보고 여행을 가는 줄 알았다. 인생의 기쁨도 고통도 함께 맛보리라고 기대했다. 그것이 나의 이상이었다. 그런데 현실은 그렇지 않았다. 얼마 안 있어 상대에게 기대하는 일을 일체 그만두었다. 그러자 마음이 편해졌다. 그래서 티브이를 보며 둘이서 웃는 모습을 혹시라도 다른 사람이 본다면, 테레즈 가 주치의 페도메 의사가 말한 것처럼, 저 부부는 연기하는 것처럼 보이지 않는다고 생각하려나.

그럼에도 헤어지지 않는 것은 왜일까. 100년 전 여성과 다르게 지금 나에게는 자유가 있다. 그러나 그것은 비겁하고 기만적인 삶의 방식이 아닐까. 테레즈는 무언가에 이끌려 파리로 향하고 혼자 생각하려 한다. 자신은 무엇을 원하는 것일까. 어쩌면 그것은 시골에 사는 여고생이 품을 법한 도시에 대한 동경에 불과할지도 모른다. 언젠가 파리에 싫증 나면 테레즈는 남편 곁으로 돌아갈 터. 그리고 나도 나홀로 여행을 마치면 집으로 돌아갈 수밖에 없다. 어디에 다녀왔다는 보고 따윈 하지 않고 남편도 어디에 다녀왔는지 묻지 않는다. 말하지 않는 쪽도 말하지 않는 거지만 묻지 않는 쪽도 참 그렇다.

나한테 유일한 위안은 독서회였다. 내면을 향하던 생각을 밖으로 표출할 자리가 없었다면 진즉에 폭발했지 싶다. 테레즈에게 필요한 것도 자기 생각을 밖으로 내뱉는 일이며 '영혼이 교류하는 장'으로서 독서회 같은 존재가 아니었을까. 이제는 테레즈와 내가 혼연일체가 되어 누가 누구인지 구별이 가지 않는다.

▍프랑수아 모리아크, 『테레즈 데케루』, 엔도 슈사쿠 역, 고단샤문예문고

주머니에 돌을 넣고

시몬 베유를 생각하면 마음이 아프다. 내가 시몬 베유의 경력을 자세히 알게 된 것은 철학자들의 교류를 그린 책(사라 베이크웰의 『At The Existentialist Cafe: Freedom, Being & Apricot Cocktails』, 번역 가제는 '실존주의자 카페에서')을 최근까지 번역했기 때문이다. 이 책에는 제2차 세계대전 후 시대를 배경으로 수많은 철학자가 등장한다. 그들은 카페에서 열띠게 토론하고 빈번하게 편지를 주고받는다. 술집에서 춤을 추기도 하고 때로는 사상 차이로 다투다 절교하기도 한다. 후설, 하이데거나 사르트르 등 거물급 철학자들이 등장하는데 번역하면서 가장 매력을 느낀 인물이 세 명 있다. 카뮈와 얀 파토츠카(1907~1977년. 체코 철학자. 인권 침해에 항의하는 운동으로 체포돼 당국의 조사를 받던 중 서거) 그리고 시몬 베유다.

시몬 베유는 원래 부유한 가정에서 태어났고 성적도 매우 우수했다. 기독교 정신에 깊이 경도돼 있으면서도 권위적 교회 조직에는 반감을 품고 끝까지 세례를 받지 않았다고 한다. 철학 교사로 근무했지만 가난한 사람들과 같은 장소에 몸을 두고 같은 경험을 하기 위해 스스로 공장 일자리를 얻어 싼 임금으로 일했다(그 경험을 『노동 일기』에 썼다. 지금으로 치면 유니클로나 아마존 잠입기라고 할까). 서로 모순되는 명령은 공장의 논리에 따르면 모순되지 않는다. 노동은, 이 모든 것을 감수하고 이뤄지지 않으면 안 된다. 해고되지 않기 위해서 노동자는 서로 모순되는 명령을 완수해야만 한다. 그리고 노동자는 완수해낸다. 공장에 들어갈 때 타임카드와 함께 자신의 영혼을 남겨둔다. 저녁이 되어 공장을 나올 때 상처 입지 않은 영혼을 받을 수 있다면 얼마나 좋을까? 하지만 그 반대의 일이 일어난다.

공장에서 가혹한 노동으로 인해 베유는 병에 걸린다. 하지만 그녀는 먹을 것을 구할 수 없는 사람들이 있다면 자신도 같은 고통에 처해야 한다고 먹기를 거부했다. 치료도 거부하고 스스로 죽음을 받아들여 서른네 살의 젊은 나이로 죽었다. 전쟁에서 부상을 입어 장애를 갖게 된 시인 조에 부스케와 주고받은 편지에 베유는 이렇게 적었다. 불행을 사유의 대상으로 삼기 위해서는 불행이 몸속에 깊이 박혀, 하나의 못처럼 갖고 있어야 합니다. 오랫동안 갖고 있어서 사고가 불행을 응시할 만큼 강해질 시간을 사고에 부여하는 것이 필요합니다.

언젠가 어떤 분으로부터 전시회 초대권을 받았다. 그 전시회는 매우 평판이 좋았다. 전시장에 도착하니 '한 시간 대기'해야 한다고 했다. 더운 날씨에도 불구하고 많은 사람이 줄지어 서 있었다. 하지만 초대권을 보여주자 줄 서지 않고 바로 안으로 들여보내줬다. 그때는 다행이라고 생각했지만 나중에 조금씩 위화감이 커져갔다. 줄 선 사람들을 본체만체 하고 나만 특별대우를 받았다니 뒷맛이 씁쓸했다. 다음부터는 아무리 강력한 연줄이 있어도 반드시 줄을 서기로 결심했다. 만약 그 결심에 비뚤어진 정의감이나 뒤틀린 순수함이 포함돼 있다면 그것의 백만 배 정도 되는 사람이 시몬 베유다.

베유는 원래 허약한 체질이었고 자주 찾아오는 심한 두통에 괴로워했다. 마치 스스로 일부러 고통을 찾아다니듯 살았다. 그녀의 삶 자체가 사상이자 작품이라고 할 수 있다. 집필한 원고는 방대했지만 생전에 출판된 책은 한 권도 없다. 지하신문 『콩바』 편집장이었던 카뮈가 그녀가 남긴 글을 읽고 감명을 받아 출판에 힘썼다고 한다. 카뮈와 베유는 공통점이 있다. 그건 바로 '저항'이다. 수용해선 안 될 일에는 끝까지 저항하고 자신의 신조에 목숨 바친다는 정신이다. 타자를 구제하고자 하는 마음. 그 격렬함이 베유는 마더 테레사와 닮았다. 다만 마더 테레사의 강한 신념은 타인을 향했지만 베유는 자신을 향했다. 자신을 아프게 하면서 기도의 순도를 높였다고 생각된다. 일부러 고통을 찾아가는 방식은 너무나 극단적이고 상식을 벗어났다. 그럼에도 괴팍스러울 정도로 열심인 점에는 나 역시 강렬한 동경과 공감을 하지 않을 수 없다. 차라리 베유와 함께 끝없이 가라앉고 싶다는 마음마저 든다.

실제로 가라앉아 버린 이가 버지니아 울프였다. 울프를 읽어보자고 생각한 계기는 역시 번역 때문이었다. 예전에 번역한 책에 이런 문장이 있었다. 다리를 건너며 버지니아 울프가 머릿속에 떠올랐다. 그녀는 주머니에 돌멩이를 넣고 영국 이스트 서식스강에 뛰어들었다. 주머니에 돌멩이를 넣고 자살하다니······. 나는 갑자기 흥미가 생겨 울프를 읽어야겠다고 생각했다. 그리고 『등대로』를 읽기 시작했다. 하지만 언제까지고 이야기는 시작될 기미조차 보이지 않고 세밀한 심리 묘사만 계속되다 보니 겨우 두 페이지 만에 포기. 지금까지 최단 기록이다.

그로부터 수년 후 독서회에서 울프를 읽게 되었다. '역시 독서회'라고 힘주어 말하고 싶다. 『등대로』는 물론이고 『댈러웨이 부인』까지 읽었으니 말이다. 다 읽고 이렇게 훌륭한 작품을 왜 더 빨리 읽지 않았을까 후회할 만큼 농밀한 독서 경험이었다. 여러 번 말하지만 이 작품에 소위 이야기 전개를 기대해서는 안 된다. 이야기는 전혀 전개되지 않고 줄거리도 없다. 제1부에서는 단 하루의 일, 아니 일이라고도 할 수 없는 '의식의 흐름'을 그윽하게 묘사한 내용이 200쪽 이상 이어진다. 아주 짧은 제2부에서는 주인이 사라진 별장 상황을 담담하게 이야기하며 단숨에 10년이 지나가고, 제3부에서는 다시 단 하루의 묘사가 시작된다. H형 구성(긴 하루와 하루를 10년이란 짧은 회랑이 연결)이 너무 훌륭해서 탄식이 나올 정도다. 이런 구성을 생각해내는 작가는 더 이상 없다.

작품의 시작과 끝에 같은 단어가 호응하듯 사용됐다. 그래(yes), 물론이지……라는 처음에 나오는 램지 부인의 대사와 그래(yes), 나는 나의 비전을 찾았어라는 릴리의 모놀로그다. 작품 거의 모든 부분이 등장인물의 심리 변화를 세밀하게 포착한 묘사와 풍경 묘사로 가득 차 있다. 그 심리 묘사가 너무나 시적이고 세밀한 풍경 묘사가 정말 아름답다. "이렇게까지 감수성이 풍부한 작가는 언젠가 자살하지 않을 수 없다"는 감상이 있을 정도였다.

독서회에서 화제의 중심이 된 것은 가부장제의 화신 같으면서 유아적 면모가 남아 있는 아버지(램지 씨)와 그림을 그린 듯 압도적으로 아름다운 현모양처 어머니(램지 부인)의 관계성이었다. 램지 부인에 대해서는 "이렇게 아름다운 여성은 너무나 현실성이 떨어진다"는 지적도 있었다. 부부가 말없이 불꽃을 튀기기도 하고 그러다가도 가까워지는 묘사는 실로 뛰어나다. 램지 씨 전횡에 부인이 따르는 것처럼 보이기도 하지만 제1부 마지막에서 또다시 부인이 승리를 거둔다로 끝난다.

타이틀인 '등대'는 어떤 의미인지 궁금했다. 내일은 등대에 가요. 아니, 날씨가 안 좋아서 못 갈 거야 같은 가족 간 대화가 어떤 상징처럼 몇 번이고 나오지만 그들은 좀처럼 움직이려 하지 않는다. 마치 『고도를 기다리며』(사무엘 베케트)처럼 계속 무언가를 기다린다. 그들이 실제로 등대에 간 것은 10년 후다. 이야기는 등대에 도착하는 장면에서 끝나고 실제로 등대가 어떤 곳인지는 묘사되지 않는다. 불빛을 비추는 등대는 항상 닿고 싶은 곳이면서도 좀처럼 닿을 수 없는 곳이기도 하다. 아마도 상징이리라.

울프는 서른 살에 어머니를 잃고 난 후 평생 정신질환으로 고통받았다고 한다. 시몬 베유도 버지니아 울프도 둘 다 주머니에 돌멩이를 집어넣는 기질이 있는 것 같다. 어쩌면 나에게도 조금은 그런 기질이 있을지도 모르겠다. 그래서 버지니아 울프를 생각하면 마음이 아프다.

▌ 시몬 베유, 『시몬 베유 앤솔로지』, 이마무라 준코 편역, 가와데분코
▌ 오키 다케시, 『카르카손의 하룻밤 베유와 부스케』, 아사히출판사
▌ 버지니아 울프, 『등대로』, 오고시 데쓰야 역, 이와나미분코

책 속 독서회

『제인 오스틴 북클럽』

독서회를 주제로 한 책이나 책 속 독서회를 다룬 몇 개

작품을 소개하고 싶다. 독서회를 다룬 책이라면 먼저 떠오르는 책이 바로 『제인 오스틴 북클럽』이다. 이 책은 미국에서 베스트셀러가 되었고 영화로도 만들어졌다.

우리는 모두 자기만의 제인 오스틴을 갖고 있다는 첫 문장이 모든 것을 말해준다. 나이도 처지도 다른 여섯 명이 제인 오스틴의 주요 소설 여섯 권을 한 달에 한 권씩 읽는 독서회에 참가한다. 각자 여섯 권 책 중에서 자신이 좋아하는 책을 골라 그 책을 다루는 모임 진행 역할을 맡는다. 이 독서회를 제안한 사람은 50대 초반의 독신 여성이다. 그녀가 독서회에 어울리는 멤버를 정한다. 저마다 개성 강한 인물들로 모두 책을 좋아하고 한 명을 제외하고는 확고한 오스틴 애호가다. 그들은 한 달에 한 번씩 진행을 맡은 사람 집에 모인다. 진행자가 준비한 차와 다과를 즐기며 그날 과제 도서에 대한 이야기를 나눈다. 방에 놓인 가구나 제공된 음료, 식사 등에서 진행자의 됨됨이가 엿보인다. 서양은 집에서 여는 독서회가 매우 일상적인 일이다. 이 책을 읽으면 그런 풍경이 잘 전달된다.

제목에 '북클럽'이라는 말이 들어가지만 실제로 제인 오스틴 책을 이야기하는 장면은 그리 많지 않다. 오스틴 소설을 축으로 여섯 명 인간 군상을 그렸다고 하는 편이 더 좋을 것 같다. 전 6장 구성으로 각 장에서 한 사람씩 과거를 묘사하고 동시에 현재진행형 인간관계도 이야기한다. 멤버끼리 담담한 연애를 하고 한 멤버는 남편과 관계를 회복한다. 오스틴을 읽으면서 누구나 오스틴 문학 속 등장인물처럼 다양한 경험을 한다. 책을 이야기하는 것이야말로 인생을 이야기하는 것이기 때문이다.

책 말미에 독서회에서 읽은 여섯 편의 소설 『엠마』, 『이성과 감성』, 『맨스필드 파크』, 『노생거 사원』, 『오만과 편견』, 『설득』의 줄거리와 함께 오스틴에 대한 비평가와 작가들의 다양한 반응이 실려 흥미롭다.

아이러니와 유머가 곳곳에 가득한 이 책 자체가 오스틴 소설 같기도 하다. 오스틴을 읽어본 적이 없더라도 충분히 즐길 수 있다. 역자는 이 여섯 작품을 전부 번역한 나카노 고지. 작가 파울러는 SF 작가인 만큼 등장인물 중 한 명인 그리그를 통해 SF 소설의 매력을 이야기한다. 그리그가 추천하는 책 『어둠의 왼손』(어슐러 K. 르귄)도 읽어보고 싶다.

▪ 커렌 조이 파울러, 『제인 오스틴 북클럽』, 나카노 고지 역, 지쿠마분코

『프리즌 북클럽』

캐나다 한 교도소에서 열린 독서회를 1년에 걸쳐 취재한 논픽션이다. 독서회란 무엇인가, 그 분위기를 알아보는 데 안성맞춤인 책이다.

작가는 교도소에서 독서회를 주최하는 친구의 초대를 받아 두려움에 떨며 독서회에 참가한다. 얼마 전에 강도를 만나 죽음의 공포를 맛봤기에 처음에는 교도소 방문에 강한 거부감이 들었다. 하지만 수감자들이 어떤 책을 읽고 어떤 이야기를 나누는지 알고 싶다는 호기심이 좀 더 컸다. 참가한 이상 저널리스트로서 독서회 풍경을 취재하고 싶어 교도관 허락을 받고 녹음기를 갖고 들어가 그들의 이야기를 녹음한다.

교도소에 들어가니 팔과 목에 빼곡히 문신을 새긴 무서운 남자들이 손에 책을 들고 둥글게 앉아 있다. 그들의 발언을 듣는 동안 한 사람, 한 사람의 특징이 보였다. 그러자 그들이 왜 수감되었는지 경위에도 관심이 생기면서 조금씩 마음의 거리가 줄어들었다. 교도소에서 가끔 돌발적인 칼부림 사건이나 폭동이 일어나지만 수감자들은 어려운 책이나 장편소설을 끝까지 완독한다. 그리고 자기 인생을 짊어지고 발언한다. 진지한 발언이라서 때로는 멤버끼리 일촉즉발 상황이 벌어지기도 한다.

이 책에서는 교도소 독서회의 교류가 현장감 있게 묘사된다. '독서회 이모저모'도 가득하다. 과제도서 선정은 어떻게 할 것인가? 토론이 주제를 벗어나면 어떻게 할 것인가? 멤버들이 과제도서를 다 읽지 못했을 때는 어떤 묘수를 짜낼 것인가? 멤버들은 다른 교도소로 이감되거나 출소한 후에도 다시 새로운 독서회를 꾸리려고 한다. 일단 독서회 매력을 알게 되면 더 이상 빠져나올 수 없다.

▪ 앤 웜즐리, 『프리즌 북클럽』, 무카이 가즈미 역, 기노쿠니야쇼텐

『그들은 목요일마다 우리를 죽인다』

억울하게 사형선고를 받고 30년 동안 수감되어 죽음의 공포와 함께 살아야 했던 흑인 남성의 논픽션이다. 30년간 어떻게 멀쩡한 정신으로 '버텼는지' 정말 놀라웠다. 자신이 무죄라는, 이것보다 더 강력한 사실은 없다는 믿음과 신이 절대로 포기할 리 없다는 확신, 어머니와 친구들의 깊은 애정과 자신의 무죄를 믿어준 변호사에 대한 신뢰가 있었기에 가능했다. 그리고 타고난 밝은 성격, 어떤 상황에서도 희망을 잃지 않는 긍정적인 신념이 큰 요소였다.

친하게 지내던 사형수들이 하나둘씩 전기의자에 앉혀지고, 살이 타는 냄새가 풍겨오는 장면은 장렬하다. 형장으로 끌려가는 죄수들이 들을 수 있도록 동료들은 문을 두드리며, 너는 혼자가 아님을 알린다. 그 행위는 자신들이 할 수 있는 최대한의 분노와 슬픔과 항의의 표명이어서 읽고 있으면 마음이 아파옴과 동시에 따뜻한 무언가가 마음에 가득 찬다.

400페이지가 넘는 책이지만 마치 미스터리 소설처럼 앞으로 어떻게 전개될지 흥미진진하다. 마지막에 석방된다는 사실을 알면서도 책장을 넘기지 않을 수 없었다. 일단 범인으로 결정된 이상 비록 무죄일지라도 뒤집을 생각이 조금도 없는 사법부 행태를 보면 싸워야 할 상대가 너무 거대해서 본인은 몇 번이고 절망에 빠졌지 싶다. 수감자는 아무리 싸우고 싶어도 스스로는 아무것도 할 수 없고 변호사에게 모든 것을 맡길 수밖에 없으므로 독자도 그 답답함을 공유할 수밖에 없다. 흑인을 범인으로 단정 짓는 인종차별은 바로 얼마 전까지 엄연히 존재했고 아마 지금도 있을 것이다. 작가가 우리들과 같은 시대를 산 사람임을 생각하면 내가 살아온 지난 30년 동안 그는 계속 이런 상황에 처했다는 게 놀라울 수밖에 없다.

그리고 단 한 번밖에 허락되지 않았던 독서회. 그래도 독서회를 열자고 제안하는 사람이 있었고 이에 응하는 동료들이 있었다. 독서회가 열리지 않게 된 후에도 책 한 권을 독방에서 독방으로 전달하는 장면은 감동적이다. 책은 어떤 상황에서도 인간을 구원하는 존재임을 다시금 깨달았다.

▎앤서니 레이 힌튼, 『그들은 목요일마다 우리를 죽인다』, 구리키 사쓰키 역, 우미토쓰키샤

『패트릭과 함께 읽기』

저자는 하버드대학을 졸업한 타이완계 미국 이민 2세 젊은 여성으로 가난한 지역 학교에 강사를 파견하는 프로그램에 참가한다. 그녀의 파견지는 미국에서 가장 극빈 지역 중 하나인 미시시피 델타의 헬레나교육난민학교였다. 불우한 환경으로 범죄에 손을 담그는 학생들에게 공부할 의욕을 갖게 하는 일은 고난의 연속이지만 그럼에도 그녀는 차츰차츰 학생들로부터 신뢰를 얻는다. 제자 가운데 다른 학생들에게는 없는 온화함과 감성을 가진 패트릭. 그는 글을 읽고 쓰는 것은 서툴렀지만 선생님의 가르침을 순순히 흡수하고 발전하는 모습을 보여준다.

그러나 저자가 로스쿨 진학을 위해 학교를 떠난 동안 패트릭은 살인 사건을 일으키고 만다. 교사로서 무엇을 할 수 있을지 고민한 끝에 그녀는 결정된 로펌 취직을 미루고 패트릭에게 돌아간다. 그렇게 구치소에서 두 사람만의 독서회가 시작된다. 『사자와 마녀와 옷장』(C. S. 루이스)을 읽고 등장인물 마음에 대해 토론하고, 바쇼나 잇사의 하이쿠를 읽은 다음 마음에 드는 구절을 골라보기도 한다. 예이츠나 휘트먼의 시를 두 사람이 교대로 암송한다. 이윽고 패트릭은 프레드릭 더글러스(1818~1895년. 노예로 태어났지만 독학으로 글을 깨우친 인물)의 자서전을 완독하고 감상을 말할 수 있을 정도로 성장한다. 책을 읽으며 패트릭은 자꾸 묻는다. 선생님은 어느 부분을 좋아해요? 한 권의 책을 누군가와 나누고 감동을 공유하고 싶다는 마음이야말로 독서회의 진수가 아닐까.

저자는 패트릭의 창작 노트를 보며 생각한다. 패트릭은 이렇게나 성장했다. 하지만 그때 내 마음을 울리고 이후 몇 년 동안 내 마음에 강하게 남은 생각은 내가 패트릭한테 해준 게 너무 적다는 것이었다. 겸손한 척하는 게 아니다. 패트릭의 지적 성장에 필요한 것이 너무 적었다는 사실에 놀랐음을 말하고 싶은 거다. 조용한 방과 많은 책, 어른의 지도가 조금만 있어도 이렇게까지 성장할 수 있다. 그런데 그런 것들이 주어질 기회가 거의 없었다. 한 인간을 변화시키기 위해 무엇이 필요한지 이 책은 가르쳐준다.

▌미셸 쿠오, 『패트릭과 함께 읽기』, 간다 유코 역, 하쿠스이샤

독서회를
성공으로
이끄는 힌트④

독서회 밖 교류의 장을 만들자

독서회는 보통 책 이야기만 하고 끝나기에 서로를 알고 싶다면 교류 자리를 마련하는 것도 좋다. 예를 들어 참가자를 그때그때 모집하는 독서회는, 끝나고 카페에서 차를 마시거나 식사를 하다 보면 취미가 맞는 사람을 만난다. 또 책 이야기로 다시 흥이 오르면 독서회를 계속할 동기가 부여된다. 온라인 독서회는 화면을 통해 뒤풀이나 술자리가 열리곤 한다. 우리 독서회는 매년 1월에 신년회를 연다. 조금 사치를 부려 프렌치 식당에서 와인으로 건배도 하고, 근황이나 여행 등 평소 말하지 않는 주제로 대화를 나눈다. 그래도 어느새 책 이야기가 나오고 함께 읽은 책 중 어느 한 권으로 흘러간다.

체호프 작품을 다뤘을 때는 마침 공연 중이던 연극 〈갈매기〉를 다 같이 보러 갔다. 과제도서가 원작인 영화를 보러 가기도 하고, 작품에 나오거나 작가와 관련된 장소를 돌아보는 문학 산보를 해서 즐겁다.

멤버 간 적당한 거리란 미묘하다. 낯선 사람끼리는 긴장돼서 얘기를 나누기 힘들고, 신원을 모르면 어디까지 파고들어 의견을 내야 할지 알기 어렵다. 반대로 너무 친해도 좋지 않다. 긴장감이 사라져 잡담만 나누게 되어서다. 퍼실리테이터가 없더라도 모두 책 이야기에 집중한 채 재미나면서 적당한 긴장감이 흐르는 독서회가 이상적이다.

번역가의 시점으로

독서회에 참여하게 된 계기는 앞서 말했듯 번역 스승인 아가리에 가즈키 선생이 초대해줬기 때문이다. 내가 참가한 건 모임이 시작된 지 6년 정도 지났을 때였다. 아직 젊었던 지라 다양한 연령대 사람들과 책 한 권을 두고 깊은 대화를 나눌 수 있다니 한없이 기뻤다.

번역가가 많은 독서회

그로부터 30년 가까이 지나면서 참가자도 여러 명 바뀌었다. 처음에는 두 명이던 번역가가 조금씩 늘어 지금은 열 명 중 일곱 명이 번역가다. 독서회에 번역가가 많으면 이야기할 때 경향이 드러난다. 과제도서를 읽을 때 번역문 지적이 많아지기 쉽다. 지나치게 전아해서 이해하기 어려운 번역문이나 지금은 쓰지 않는 단어를 사용해 의미를 알 수 없는 번역문이 나올 때는 다른 번역가 책을 읽은 멤버들과 해당 부분을 대조하며 의미를 확인한다. 그래도 모르겠다면 누군가 인터넷을 통해 그 자리에서 원문 단어를 찾아본다.

때로는 번역 제목이 화제에 오르기도 한다. 서머싯 몸의 『인간의 굴레』를 읽을 때는 제목에 사용된 '絆일본어판 제목은 人間の絆'이 원문에서는 'bondage' 즉 '속박, 결박'을 뜻하는 단어임을 알았다. '絆키즈나きずな, 인연이나 유대'라는 일본어가 좋은 의미만을 불러일으키는 점을 생각하면 이 제목이 타당한가, 라는 의견이 나왔다. 나는 처음에 이 소설을 '주인공이 다양한 경험을 하면서 주위 사람들과 인연을 맺고 성장해가는 이야기'라고 읽었는데 전혀 달랐다. 오히려 주인공은 '인간을 속박하는 것'과 결별함으로써 정신의 자유를 얻는다. 그를 옭아매던 것 중 하나가 어린 시절부터 가까이 있던 기독교였다. 다른 하나는 '인생은 의미 있어야 한다'는 생각이다. 그러나 사실 인생에 의미 따위는 없음을 깨닫고 그는 압도적인 자유를 얻는다. 그렇다면 '絆'보다는 '枷카세かせ,

사슬'나 '軛쿠비키くびき, 멍에'이라는 단어가 더 가깝지 않을까, 다 같이 이야기했다. 나중에 사전을 찾아보니 '絆'은 본래 개나 말 등 가축을 나무에 묶어두는 줄을 이르는 말이었다. 그야말로 '굴레, 속박'이라는 의미로 사용됐다. '사람과 사람을 이어준다'는 뜻으로 쓰인 것은 최근 일이며, 특히 동일본대지진 이후 긍정적인 뉘앙스가 머릿속에 스며들어 우리는 본래 의미를 잊고 말았다.

멤버 가운데 번역가가 있으면 본인이 번역한 작품을 과제도서로 선정하기도 한다. 작품에서 읽을 만한 부분이나 작가 에피소드, 번역하면서 고생했던 점 등 역자 해설과 함께 책을 읽는 곳은 '번역가가 많은 독서회'뿐이리라.

또 한 가지, 오탈자를 찾아내는 데 능숙하다는 특색이 있다. 어떤 책이든 교정쇄를 읽는 것처럼 한 단어, 한 문장 음미하듯 읽기 때문에 편집자가 놓친 오탈자를 발견하는 경우가 많다. 한번은 신문 서평에 소개된 책을 읽었다. 내용 자체는 훌륭했고 인상에 남는 좋은 책이었지만, 아마도 화제의 책이라 출판을 서둘렀는지 오탈자가 여기저기서 발견되어 번역가 멤버들 모두 놀랐는데, 다른 멤버들은 오탈자를 거의 눈치채지 못했다. 오탈자가 있더라도 일반 독자는 알아채지 못하고 읽는다는 사실이 판명됐다. 그러고 보니 나도 번역 일을 하기 전까지 오탈자 유무는 신경 쓰지 않았다. 그뿐 아니라 번역서를 읽고 이해가 안 되면 내 이해력이 부족한 탓이라고 여겼다. 지금은 대부분 번역에 문제가 있어서임을 안다. 번역에 대해 아무것도 몰랐을 때 번역이란 원문을 그대로 일본어로 옮기는 일이라고 생각했다. 번역한 일본어를 다시 한번 번역하면 원문으로 돌아간다는 정도의 인식밖에 없었다. 그래서 번역학교 첫 수업에서 학생 열 명이 서로 다른 번역문 열 개를 완성한 것은 신선한 놀라움이었다.

책을 읽으며 머릿속에서 자꾸 교정을 보게 되는 점이 '번역가의 공통점'이다. 멤버 중 한 명은 "표기 불일치가 신경 쓰여 내용이 조금도 머리에 들어오지 않았다"고 말했다. 나는 '이 표현 훌륭하네'라고 느끼면 원문을 상상하면서 나라면 어떻게 번역할지 생각하곤 한다. 내가 생각 못 한 단어가 쓰였으면 언젠가 써봐야지 하고 노트에 적어둔다. 반대로 '이 문장은 읽기 힘들다'고 느끼면 어떻게 해야 좀 더 읽기 쉬울까 생각하며 머릿속에서 번역문을 재조립해본다. 그렇게 하다 보면 읽고 있는 이야기는 앞으로 나아가질 못한다.

번역 공부를 하던 시절, 나의 선생님은 제자 번역문에서 일본어 관용구를 발견하면 주의하라고 가르쳤다. 예를 들어 '내 눈동자가 검을 동안わたしの目の黒いうちは, 관용구 뜻은 내가 살아 있는 동안'이라는 구절. 원문의 등장인물이 파란 눈이나 갈색 눈을 가졌을지 모른다. 처음에 제자들은 무엇이 안 되는지 몰라 멀뚱거렸다. 관용구이기에 등장인물 눈동자 색깔이 무엇이든 간에 알기 쉽다는 점에서 문제없다고 생각했다. 그 밖에도 '조반 전'(朝飯前, 밥과 된장국을 상상해버림)관용구 뜻은 '누워서 떡 먹기'이나 '초밥'(すし詰め, 감잎초밥을 상상해버림)관용구 뜻은 '빈틈없이 꽉 들어참' 그리고 '베개를 높게'(枕を高くして, 영주의 베개를 상상해버림)관용구 뜻은 '두 다리 쭉 뻗고 자다' 등 당연하게도 관용구는 일본적인 것이 많다. 선생님 말씀은 그런 단어를 번역문 안에서 쉽게 쓰기 전에 위화감을 가지라는 뜻이었다.

어느 날 공부회에서 내가 'coffin'을 '관棺桶'으로 번역했을 때 "관이라는 단어의 원래 의미를 아나요?"라고 지적당했다. '관'은 '통'인데 옛날에는 통 안에 앉아 있는 형태로 유해를 안치했다. 그래서 관이라는 뜻의 단어에 '통'이라는 글자가 남아 있는 거다. 평소에 자주 사용하는 단어라고 해서 그대로 번역에 사용해도 괜찮은 건 아니다. 설령 사용하더라도 그 단어의 원래 의미를 알고 사용해야 한다. 그 점을 나는 번역할 때 항상 의식한다. 동시에 번역 소설을 읽을 때 '바둑판무늬' 같은 표현을 보면 희미한 위화감을 느낀다. "번역 일을 시작한 후부터 소설을 순수하게 즐기며 읽을 수 없게 됐습니다"라던 선생님 말씀이 지금도 선명하게 귓가에 남아 있다.

방언을 어떻게 번역할 것인가

 아이를 낳는 일은 무서운 일이라고 생각한다. 아이 의향을 확인하는 과정 없이 80년의 삶을 짊어질 인간을 세상으로 내보낸다. 그리고 한 번 낳고 나면 절대 원래대로 되돌릴 수 없다. 이보다 더 무서운 일이 또 있을까. 나는 아이를 낳지 않았다. 언젠가 여행지 온천에 들어갔을 때 탈의실 아기 침대에 아기가 누워 있었다. 주변에는 아무도 없었고 엄마로 보이는 사람 모습도 보이지 않았다. 무슨 일인가 싶어 아기를 바라보다가 문득 이대로 안고 도망치고 싶은 충동에 휩싸였다. 나는 아이를 낳는 것이 두렵기까지 했는데 그때 왜 그런 마음이 들었는지 지금도 잘 모르겠다. 어쩌면 아기라는 존재에는 그토록 강하게 사람을 끌어당기는 자력이 있는지도 모르겠다.

 이날 과제도서는 영국 소설 『사일러스 마너』. 고독한 중년 남성 마너가 어린 아이를 데려와 키우면서 삶의 희망을 되찾아가는 이야기다. 저자는 19세기 작가 조지 엘리엇(필명은 남자 이름이지만 실은 메리 앤 에반스라는 여성. 이 시대에는 여성이 본명으로 소설을 발표하기가 어려웠다). 독서회에서 처음 다룬 작가였는데 읽어보니 정말 재미있었다. 베를 짜며 고독하게 살아가는 마너의 이야기와 넓은 대저택에 사는 지주의 후계자 고드프리 이야기가 병렬로 전개된다. 장면이 전환되는 부분은 마치 영화를 보는 것 같다. 속한 세계가 너무나 다른 두 사람 이야기가 언제, 어떤 식으로 교차할지 궁금해 책장을 넘길 수밖에 없었다.

우선 "소설이라는 틀을 충분히 잘 살린 재미있는 작품이었다"는 것이 멤버들의 일치된 감상이었다. 슬픈 과거를 안고 마음을 닫아버린, 게다가 금화까지 도둑맞은 마녀. 젊은 시절 신분이 낮은 여자와 비밀리에 결혼해 아이까지 낳은 일을 영주인 아버지에게 털어놓지 못하는 고드프리. 그리고 고드프리한테 사랑받지만 그를 신뢰하지 못하는 낸시. 주요 등장인물이 각자 고민을 안고 있어 이야기가 어떻게 전개될지 서스펜스적인 효과를 낳는다. "유보된 부분 거의 모두 권선징악으로 마무리되어 조금 부족한 느낌이다"는 감상이 많았지만 "다 읽고 났을 때 카타르시스를 느낄 수 있는 것도 이야기를 읽는 효용"이라는 의견도 있었다.

시작 부분에서 갑자기 마녀의 어두운 과거를 이야기한다. 친구에게 배신당하고 연인한테 거절당한 마녀. 종교도 버리고 라빌로 마을로 이사한 그를 주위에서는 괴짜라는 시선으로 바라본다. 유일한 위안은 베를 짜서 벌어들인 금화를 마룻바닥 아래 가죽 주머니에 모아두고 그것을 바라보며 흐뭇해하는 것. 그에게 금화는 물건을 얻는 수단이 아니라 친구처럼 말을 걸어주는 상대이며 그동안 고생한 대가가 눈에 보이는 물질로 응축된 보물이다.

그런 금화를 도둑맞는다는 커다란 불행을 겪으며 마녀는 절망의 나락으로 떨어진다. "금화가 없어졌다는 사실을 알았을 때 당황한 모습은 정말 리얼하다"는 의견이 나왔다. 한 번이라도 소중한 물건을 잃어버린 경험이 있는 사람이라면 마음에 짚이는 게 있지 않았을까. 마룻바닥 구멍을 몇 번이고 어루만지고 자신의 눈과 기억을 의심한다. 혹시 다른 장소에 둔 게 아닐까 다시 생각해보고 그래도 없음을 알게 되면서 몸이 굳어진 채 큰 소리로 절규한다.

결국 금화 대신 '신이 주신 것'은 고드프리와 그에게 버림받은 여자 사이에서 태어난 아이였다. 마녀가 이 아이를 발견하는 장면은 매우 인상적이다. 아, 금화가 돌아왔다고 무심코 손을 뻗어보니 금발머리 아이의 머리카락이었으니까. 에피라고 이름 지은 그 아이를 통해 마녀와 마을 사람들의 교류가 시작된다. "오지랖이 넓은 주인아줌마한테 아기 키우는 법을 배우는 장면은 흐뭇했고 나까지 행복한 기분이 들었다"라는 감상에 모두 고개를 끄덕였다.

그 아이가 어느 정도 나이가 들어 어릴 적 짝꿍이랑 결혼을 결심했을 때 대저택에서 고드프리 부부가 찾아와 양자로 들이고 싶다고 이야기한다. 에피는 내 친딸이니까 거둘 권리가 있다며 고압적인 태도로 요구하는 고드프리에게 마너는 그 이기적 요구를 의연한 태도로 거절한다. 이 장면은 정말 통쾌해서 "읽고 나서 가슴이 후련해졌다"는 멤버가 많았다. 금화를 훔친 악당은 죽고 마너에게는 딸이라는 보물이 생겼다. 딸은 반항기도 겪지 않은 착한 아이고 게다가 금화도 그대로 발견되니 인과응보가 너무 뻔하다 등등 지적할 점이 많지만 저마다 등장인물에 공감하며 긴장감 속에 즐길 만한 잘 만든 이야기임에 틀림없다.

또 하나, 대화문이 화제에 올랐다. 이 작품에서도 그렇지만 원문에 방언이 사용될 경우, 일본어로 어떻게 치환할지가 번역가로서는 매우 고민되는 부분이다. 걸핏하면 방언은 도호쿠 방언으로 번역되는데 여기 쓰인 건 도호쿠 방언이 아니다. 그렇다면 이것은 어느 방언일까 이야기를 나누었다. 어쩌면 우리는 도호쿠 방언으로 번역된 대화문에 평소 위화감을 느끼면서도 그런 틀에 박힌 번역에 익숙해져 무의식적으로 추구하고 있던 게 아닐까. 이윽고 화제가 발전해 흑인 언어를 도호쿠 방언으로 번역하는 차별성 등도 토론했다.

세상에는 좋은 일도 있다. 지금은 나도 그렇게 생각한다. 재앙이나 나쁜 일도 있지만 이 세상에는 좋은 일이 엄청 많구나. 일어설 수 없을 만큼의 절망과 평온한 행복을 모두 경험한 마너가 말한 소박한 인생관이야말로 이 소설을 관통하는 사상이 아니겠냐는 의견이 있었는데 바로 그렇게 순박하고 따뜻한 작품이었다.

▌조지 엘리엇, 『사일러스 마너』, 오비 후사 역, 고분샤고전신역문고

내향적인 제자와 내향적인 스승

번역 스승이었던 아가리에 가즈키 선생한테 독서회에 대해 처음 들은 것은 분명 번역 수업이 끝난 후 술자리였다. 독서회 멤버들이 고령화됐기에 젊은 사람이 참가하면 좋겠다는 것이었다.

당시 나는 아가리에 선생과 이야기할 때면 긴장했다. 선생은 평소 무뚝뚝해서 조금 다가서기 힘들었다. 제자를 잘 챙기고 항상 성실했지만 번역에 관해서는 매우 엄격했다. 제자를 칭찬하는 일이 거의 없었지만 당사자가 없는 곳에서는 칭찬했다. 그래서 제자들은 "칭찬을 들으면 서로 알려주자"고 약속했다. 그렇게 흙탕물에서 사금을 한 알, 한 알 모으듯 칭찬을 소중히 간직해두었다가 자신감을 잃어버렸을 때 꺼내서 바라본다. 선생에게는 말장난을 좋아하는 장난꾸러기 같은 면모도 있어 술에 취했을 땐 제자들과 경쾌한 대화를 주고받기도 했다. 가벼운 농담을 주고받는 그런 관계

는 내가 보기에 눈부시게 아름다웠다.

독서회에 처음 참가하는 날, 일찍 도착해 복도에서 기다리고 있었다. 그러자 두 계단씩 뛰어 올라오는 선생의 모습이 보였다. 선생은 나를 발견하자마자 "안 늦었지요"라며 수줍은 미소를 지었다(제자에게도 늘 존댓말을 썼다). 그날은 딸의 운동회가 있어서 늦을지도 모르겠다고 미리 말했었다. 그럼에도 불구하고 처음 참가하는 나를 혼자 둬서는 불쌍하다 생각했는지 서둘러 와주었음을 알 수 있었다. 독서회에서 선생은 거의 발언하지 않았고 멤버들이 "그래서 당신은 어떻게 생각하나요?"라고 물으면 그제서야 감상을 이야기했다. 그러나 그 발언에는 무게감이 있었고 모임에서 의견 전달자 같은 역할을 맡았다.

독서회에서 돌아오는 길에 이노가시라공원을 통과해 역까지 가는 15분여 동안 나와 선생 둘이서 걷는 일이 여러 번 있었다. 둘 다 내성적이고 말주변이 없어 대화를 거의 하지 않았다. 그런 분위기를 못 참고 일부러 떠들었다가 역에서 헤어지자마자 풀죽는 일도 많았다. 다만 선생은 번역에 관한 이야기가 나오면 화제가 끝이 없었다. 수학 소설을 번역 중이었을 때는 난해한 수학 이야기를 즐겁게 들려주셨다. 하지만 내 입장에선 도무지 무슨 말인지 모르겠어서 그저 호응할 수밖에 없었다. 반대로 그 즈음 내가 푹 빠져 있던 철학 이야기를 했을 때 선생은 가만히 듣고 있었다. 비트겐슈타인의 『철학적 탐구』에 손이 아픈 사람이 있을 때 왜 손을 보고 동정하지 않고 상대방의 얼굴을 보고 동정하는가라는 내용이 나온다고 이야기하자 소리 내어 웃었던 걸 기억한다. 내성적인 사람이어도 자신이 좋아하는 일에는 수다쟁이가 되기 마련이다.

선생이 50대에 식도암을 진단받고 수술하게 됐을 때 제자들 모두 걱정했지만 나는 왠지 모르게 선생님은 절대로 괜찮을 것이라고 확신했다. 근거가 전혀 없는데도 그렇게 믿었다. 마치 어린아이가 자기 부모만은 절대 죽지 않으리라고 믿는 것과 비슷했다. 그런 걸 생각하면 나는 항상 『잃어버린 시간을 찾아서』의 한 장면을 떠올린다. 화자인 '나'의 할머니가 병에 걸렸을 때 가족은 믿지 않으려 한다. 할머니를 억지로 산책에 데리고 나가고 괜찮을 거라 생각한다. 하지만 할머니 상태는 정말 좋지 않았고 이를 가족에게 알리려면 죽어서 알리는 것 외에는 방법이 없다.

선생은 제자들의 메일링 리스트에 수술 후 경과와 몸 상태를 알렸고 "곧 완치 기준인 5년이 됩니다"라고 보고했다. 지금 생각해보면 불안한 가운데에서도 자신을 격려하려 했던 것이 아닐까. 그 5년이 얼마 남지 않았을 때 암이 재발했다.

독서회에서 선생을 마지막으로 본 것은 돌아가시기 두

달 전이었다. 그때는 아직 건강했고 "이노가시라공원에서 달리기를 했습니다" 같은 이야기를 했다(학생 시절 육상경기 선수였다고 한다). 어쩌면 심각한 병세와 그에 비하면 아직은 건강한 몸 상태가 일치하지 않아 혼란스러워 한 게 아닐까. 선생이 독서회에서 자신의 병세를 털어놓았을 때 70대 멤버가 "아직 그렇게 젊은데…… 내 수명을 나눠줄게요"라고 선뜻 말했다. 그러자 곧이어 또 다른 동년배 멤버도 "나도 나눠줄게요"라고 말했다. 두 사람 모두 아가리에 선생과 독서회를 시작했을 때부터 함께한 동료다. 두 사람의 동정도 위로도 아닌 오랜 시간 함께 책을 읽어온 연하 동료에 대한, 그리고 원래라면 앞으로도 여전히 일할 수 있는 재능 있는 번역가에게 전하는 조금의 거짓도 없는 마음의 소리로 들렸다.

그 무렵 우리는 『티보 가의 사람들』을 읽는 중이었는데 마침 티보 가 당주인 엄격한 아버지가 죽는 장면에 다다랐다. 임종 시 사제를 부른 아버지는 신과 거래를 한다. 그동안 소중히 여긴 지위와 명예를 내어주고 대신 천국의 초대를 받을 수 있도록 사제에게 부탁한다. 나는 신과 거래를 하는 행위에 의문을 품었다. 이건 그야말로 기복 종교가 아니냐는 의견을 말했다. 머지않아 선생의 죽음이 올 것임을 알고 있으면서도 본인 앞에서 종교나 죽음이라는 화제를 피하고 싶지는 않았다.

독서회에서 했던 대화가 선생이 종교와 마주하는 방식에 어떤 영향을 끼쳤는지는 모르겠지만 선생은 끝까지 세례를 거부했다(부인이 기독교 신자였기 때문에 목사가 찾아와 세례를 권했다). 장례식은 교회에서 치러졌다. 그러한 경위를 목사를 통해 알고 있던 나는 어쩌면 선생은 정신적으로 고통스러웠을지도 모른다고 생각했다. 적어도 마지막 임종 순간에 만나러 왔을지라도 마음의 평안을 얻는다면 종교에 몸을 의탁하는 선택지도 있지 않았을까. 아니 그래도 자신의 의지대로 무종교인 채 생을 끝내고 싶었던 것일까. 나는 마치 죽음을 연습하듯이 언젠가 다가올 나의 임종을 선생의 임종에 겹쳐 보았다.

문학을 이야기하는 것은 삶을 이야기하는 것. 그것이 우리 독서회의 신조였다. 그렇다면 죽음과 종교를 이야기했던 독서회 자리에서 문학을 매개로 당신의 생각을 조금이라도 토로할 수 없었던 걸까. 어쩌면 마음속 이야기를 털어놓기에는 너무나 절실했기 때문이었을까. 아니면 마음속 마지막 영역만큼은 누구에게도 보이고 싶지 않았던 걸까. 그 진의를 묻는 일이 나로서는 불가능했다. 나에게 있어 한 번 스승이라 부른 상대는 평생 변함없이 스승이다. 설령 독서회 자리라 할지라도 그 사람을 한 사람의 인간으로 보기란 아무래도 불가능했다.

지금도 컴퓨터 앞에 앉은 내 등 뒤에는 늘 아가리에 선생이 있다. 번역문을 고민할 때 아가리에 선생이라면 이 부분을 어떻게 번역했을까, 항상 생각한다. 언제까지나 스승에게 칭찬받고 싶은 못난 제자라서다.

인종차별을 이야기하기

독서회가 끝나면 누군가가 보고서를 써서 메일링 리스트에 업로드한다. 이에 호응하는 형태로 다른 멤버가 정보를 추가하거나 다른 각도에서 감상을 덧붙이기도 한다. 이렇게 독서회 여운을 맛보는 것도 즐거움 중 하나다. 다음은 독서회 후 메일링 리스트에서 주고받은 내용이다.

『허클베리 핀의 모험』

-어른이야말로 맛보고 싶은 이야기

노리코: 아동문학의 정수로 『톰 소여의 모험』과 함께 과거에 읽은 분도 많지요? 하지만 그 내용은 결코 어린이용이 아님을 이번에 알았습니다. 죽음과 가까운 거리, 흑인 노예나 가난한 백인의 처지 그리고 차별의 다중 구조. 이전에 읽

은 『헬프』와 겹치는 주제가 많아서 잔뜩 이야기를 나눴죠. 병참부장에게 사살될 게 틀림없어요(책 첫머리에 '알림'이란 글자 아래 이 이야기에서 주제를 찾으려는 자는 기소된다. 교훈을 찾으려는 자는 추방된다. 구상을 찾으려는 자는 사살된다. 작가의 명령에 따라. 병참부장 G.G라고 쓰여 있다). 시바타 모토유키 번역가는 일부러 히라가나를 많이 써서 번역했기 때문에 역시 익숙해지기 전까지는 읽기 힘들어요. 참고로 헉의 일인칭은 '나おれ', 고분샤고전신역문고판에서는 '우리おいら'로 되어 있다고 합니다.

가즈미: 후반부에 톰이 등장하면서 전개가 빨라지고 흑인 노예 짐 구출을 대모험 이야기로 꾸며내는 톰의 방식에 몇 번이나 웃고 말았어요. 다만 상대가 하고 싶은 대로 하게 두는 것이 최고라는 처세술에 능한 헉이나 절실한 상황임에도 끝까지 상냥한 흑인 노예인 짐과 비교하면 구출극은 톰에게 그저 어린아이 놀이라는 생각이 들었습니다. 헉이라는 소년은 아무렇지 않게 거짓말을 하고(즉흥적으로 이야기를 꾸며내는 재능이 대단하다!) 못된 장난도 치지만 중요한 순간에는 인간으로서 성실한 녀석이죠. 나고 자란 환경 탓이겠지요. 톰의 등장으로 헉의 인간성이 부각된다는 인상을 받았습니다.

마리코: 곧바로 총이나 살인이 등장하는 이 아나키즘 느

낌 때문에 어른이 되어 읽는 편이 이해하기 쉽고 재미있어요. 헉도 짐도, 흐르는 강물과 함께 등장하는 다양한 인물도 그 아나키즘 속에서 모두 굉장히 씩씩하고 야성적이에요. 미국의 어떤 원점을 보는 느낌이 들었어요. 큰 강물의 흐름과 대자연이 느껴져서 읽는 내내 기분이 좋았어요. 폭풍우 장면도 굉장했어요.

가즈미: "원문에 무엇을 썼는지 뿐만 아니라 어떻게 쓰여 있는지까지 번역하지 않으면 번역이 아니다"라고 아가리에 선생이 자주 말했는데, 이 작품에서 번역자가 목표로 삼았던 것도 바로 "어떻게 쓰여 있는지"를 일본어로 반영하는 일이었다고 생각합니다. 원문 문체나 은어 등이 전달되지 않으면 이 작품의 재미는 반으로 줄어들고 말죠.

-헉과 톰은 '아이'였을까?

가즈미: 그런데 이 작품에 등장하는 아이들은 모두 '아이'로 취급되지 않습니다. 독서회 때도 잠깐 "옛날에는 어린이라는 개념 자체가 없었다"는 이야기를 한 적이 있습니다. 이 문제를 다룬 책이 역사학자 필립 아리에스가 쓴 『아동의 탄생』입니다. 아동은 일찍이 '작은 어른'으로 취급됐고 '보호받아야 할 존재', '교육받을 권리가 있는 존재'라는 의미에서 '아동'이라는 개념이 생긴 것은 근대에 들어선 이후라는

내용입니다. 대학 수업에서 그 내용을 알게 됐을 때 저는 꽤 충격을 받았고 가치관이 흔들렸습니다. 헉도 톰도 어른들한테 보호받아야 할 존재가 아니었어요. 마크 트웨인의 책에는 인권이나 차별 의식조차 희박했던 시대의, 좋은 의미든 나쁜 의미든 대범하고 강인한 분위기가 잘 묘사돼 있어요.

노리코: 아동이라는 개념이 없던 시절을 집에 돌아와서도 계속 생각했어요. 『작은 아씨들』의 원제인 'Little Women'도 그런 의미에서 아버지가 쓴 말이었네요. 헉은 총을 쏘고 담배를 피우죠. 죽음을 목격하고도 아이라는 이유로 보살핌을 받지 못해요(어디까지나 제도로서 대처 판사가 상담자 역할을 담당하긴 하지만). 흔히 현대인은 성인이 되어서도 미숙하다고 말하지만 옛날 어린이는 조숙한 것이 아니라 애초에 어린이가 아니었음을 생각하면, 좋은 일인지 나쁜 일인지 머리가 복잡해집니다.

마리코: 가즈미 씨가 소개해준 책, 역시 프랑스 책이었군요. '아동이라는 개념이 없었다'는 것은 대학 2학년 때 프랑스사 수업을 들으면서 프랑스만 그런가 계속 생각했는데, 문화와 문명이 발달하는 과정에서 서구 다른 나라도 그런 경향이 강했다는 말이군요(대조적으로 일본은 비교적 아이를 귀여워하고 소중히 여겼다는 이야기를 들은 적이 있습니다). 참고로 그 수업은 여학생들이 동경하는 프랑스인 마담이 진행

한 프랑스어 수업이었는데 그 멋진 선생이 "아동이라는 개념이 없었기에 아기는 귀여워하는 대상이 아니었고 어른이 프리스비처럼 던지며 노는 경우가 많았다"고 설명하자 교실 전체가 들썩였습니다.

노리코: 독서회에서 말하는 걸 잊었는데 삽화가 멋있었어요. 캡션은 편집자가 붙인 걸까요. 이 또한 키득키득 웃을 수 있게 간결해서 좋았어요. 아무튼 읽는 동안엔 푹 빠지지 않았는데 감상을 말하기 시작하니 왠지 멈출 수가 없는 '헉'이었습니다.

▍마크 트웨인, 『허클베리 핀의 모험』, 시바타 모토유키 역, 겐큐샤

『팔월의 빛』

가즈미: 무엇보다 이 작품의 중층적인 구조에 압도됐고 작가 역량에 감탄했습니다. 그리고 곳곳에서 보이는 따라 적고 싶은 표현에 문학적 감수성을 강하게 느꼈습니다. 윌리엄 포크너는 군대도 가지 못하고 대학도 중퇴했어요. 다니던 회사도 그만두고 사회인으로서 좌절이 많았던 것 같지만 타고난 문학적 재능이 있었죠. 그런데도 이 작품 중심인물인 조 크리스마스의 존재는 안쓰러워요. 인종 밖에서 살기를 원하지만 이루어지지 않고 흑인으로서도 백인으로서도 살아갈 곳이 없기에 여러 겹으로 굴절되죠. 스스로도 감

당할 수 없어 결국은 자신을 몰아붙이며 숨길 수밖에 없었으니까요. 그 모습이 너무나 애처로웠습니다. 어쨌든 정말 읽을 만한 가치가 있는 책이고 이런 게 문학이라는 생각이 들었습니다.

노리코: 『팔월의 빛』은 문학적 표현이 훌륭해서 포스트잇을 잔뜩 붙였어요. 가장 숨죽이고 읽은 부분은 제11장에서 조애나 버든이 자신의 처지를 이야기를 하는 대목입니다. 아버지가 저 삼나무 숲에 무언가를 덮어 놓았다부터 백인 아이들은 모두 숨을 쉬기 전부터 검은 그림자에 싸여 있다. 아기가 팔을 벌리면 그림자도 똑같이 팔을 벌리고 백인 아이는 마치 검은 십자가에 못 박힌 것 같다까지 질리도록 영상 표현이 잇따릅니다. 여기에서 이미지가 떠오르기 때문에 조 크리스마스가 흑인 피에 이끌리는 한편 흑인한테는 '백인'이라서 버림받는 딜레마가 더 리얼하게 느껴집니다. 그 밖에도 제4장의 끼리끼리 모일 뿐만 아니라 친구는 비슷한 사람에게 좋든 싫든 불려간다나 제8장의 새 양복은 입은 느낌은 훌륭했지만 몸에는 혹독하다는 느낌이 들었다는 표현은 그대로 경구로 사용할 수 있지 싶습니다.

마리코: 포크너는 난해하다는 이야기를 자주 들었기에 겁먹은 채로 『팔월의 빛』을 읽었습니다. 저도 압도됐습니다. 막 시작하면서 느낀 것은 역시 문학적 표현이나 풍부한

비유 그리고 재미. 비유 중에는 미국 문학을 많이 읽었을 무라카미 하루키 작품에 나올 법한 문장이 여럿 있었습니다. 집착적이고 깊이 있는 극적인 이야기지만 역시 작품 전체에 미국의 건조한 바람이 부는 듯한 인상을 받았는데 그 점이 좋았습니다. 크리스마스라는 이름의 상징성은 모임에서도 화제가 됐는데, '하이타워'라는 등장인물이 인상적이었습니다. '높은 탑'에 올라 현실은 보지 않고, 보이지 않고, 보려고 하지 않는, 과거의 영화만을 바라보던 하이타워. 시대의 영웅이던 할아버지를 동경했다는 포크너의 모습이 겹쳐 보여서 더욱 마음에 와서 꽂힙니다. 그 하이타워가 마지막 현실에서 훈수 받은 대로 타인을 지키는 모습에 마음이 뭉클해지며 감동받았습니다.

▮ 윌리엄 포크너, 『팔월의 빛』, 구로하라 도시유키 역, 고분샤고전신역문고

공부회라는 이름의 독서회

나는 스승인 아가리에 선생한테 번역학교에서 3년, 그 후 선생 집에서 열리는 공부회에서 4년 정도 수학했다. 공부회는 한 달에 한 번 선생네 거실에서 열렸고 매회 일곱 명에서 여덟 명의 학생이 참가했다. 그중에는 오사카나 도야

마에서 오는 사람도 있었다. 공부회 방식은 항상 정해져 있었다. 선생이 그때 번역 중인 작품에서 세 단락 분량을 과제 범위로 정한다. 그다음엔 멤버 전원이 자신이 번역한 부분을 복사해서 나눠주고 선생의 지도를 받으면서 비평한다. 단 몇 줄의 번역이라도 열 명이면 멋지게 열 개의 번역문이 완성된다. 해석에 차이가 생길 경우, 우선은 문법부터 철저하게 원문을 분석하고 전후 맥락을 생각하며 작가의 의도를 탐색해간다.

번역문을 제출하는 단계에서 이미 영문 해석이 되어 있음을 전제로 하기에 그 자리에서 지적받는 것은 대부분 일본어 문제다. 읽기 쉽고 유려한 문장으로 번역하려면 어떻게 해야 할까? 학생들 번역이 하나씩 도마 위에 오르고 검토가 이루어진다. 멤버 전원의 번역문이 있으니까 다른 멤버가 번역한 문장을 재빠르게 확인한다. 내가 오역했다는 사실을 깨달으면 내 차례가 오는 게 너무 창피해서 그 자리에서 죽고 싶을 정도였다. 오전 중에 시작된 공부회는 점심을 먹고(선생이 커피를 내려주기도 했다) 저녁까지 계속됐다. 배운 것은 셀 수 없이 많지만 그중 몇 가지를 꼽아본다.

① 독자의 스트레스를 조금이라도 줄여야 한다
책을 읽다 보면 가끔 되돌아가 읽을 때가 있다. 그렇게 읽은 곳을 다시 읽는 건 스트레스다. 번역가는 독자에게 불필요한 스트레스를 주어서는 안 된다. 한 번에 막힘없이 읽히는 번역문이어야 하고 그러기 위해서는 철저한 연구가 필수다. 예를 들어 영문에서는 동사가 문장 앞부분에 오기 때문에 그 문장이 긍정인지 부정인지 바로 알 수 있지만 일본어는 긍정인지 부정인지 문장 마지막까지 알 수 없는 경우가 많다. 긍정이라고 생각하며 읽다가도 마지막에 '~가 아니다'라고 부정의 단어가 나와 허탕 치고 만다. 이를 피하려면 아가리에 선생은 종종 "빨리 깜빡이를 켜라"고 말했다. 비록 원문에는 없더라도 자동차 방향 지시등처럼 '그렇다 하더라도', '그러나' 등을 보충해서 이 문장이 어디에 도착하는지 미리 독자에게 알려주라는 것이었다.

② 눈에도 귀에도 아름다운 문장을 써야 한다

선생이 싫어하는 것은 보기에 아름답지 않은 문장이다. 예를 들어 '~이 아닌 것이다'라고 쓰면 "아닌 것인가, 그렇다는 것인가, 둘 중 어느 쪽인가?"라는 지적을 자주 받았다. '아니다'와 '그렇다'가 이렇게 가까우면 "아름답지 않다"고 했다. 더구나 '있는 것이다' 등은 논외다. 그리고 '없는 것은 아니다' 같은 이중부정도 선생은 마음에 들어 하지 않았다. "나는, 그는 반드시 온다고 생각한다" 같은 중첩 구조 문장도 피하라고 가르쳤다.

"딸을 그대로 내버려두었다娘をそっとしておいてやった"처럼 한 문장에 촉음이 두 개나 있으면 아름답지 않다. 소리 내어 읽을 때 어떻게 들릴지도 생각하라고 배웠다. 그리고 부주의한 한자의 겹침도 주의를 들었다. 예를 들어 "최근 학교에서는~", "오랜 세월 일본에서는~"처럼 쓰면 '최근 학교', '오랜 세월 일본'이 사자성어처럼 읽히기 때문에 "학교에서는 최근~", "일본에서는 오랜 기간~"으로 바꿨다.

③ 한자어보단 순수 일본어를 사용해야 한다

가장 먼저 배운 기본 중 기본이다. 예를 들어 "현저한 변화의 이유를 명확히 할 필요가 있다"라는 직역 문장은 "왜 이렇게 큰 변화가 있었는지 그 이유를 명확히 해야 한다"라고 하면 훨씬 이해하기 쉬워진다.

④ 대명사는 가급적 사용하지 않고 번역해야 한다

'그'나 '그녀' 등 대명사는 되도록 사용하지 않고 번역한다. 그러기 위해서는 관점을 통일하면 좋다고 배웠다. 영어 문장에는 주어가 필수지만 일본어는 그렇지 않다. 그래서 원문 그대로 '그가', '그녀가'로 번역하면 시점이 이리저리 왔다 갔다 해서 읽기가 매우 힘들어진다. 예를 들어 원문 직역이

다음과 같은 문장이라고 하자. "그가 일어서자 그녀가 그쪽으로 달려왔기 때문에 그는 도망치기 시작했다." 이 경우 '그'로 시점을 통일해서 번역하면 "일어서자 상대가 달려왔기 때문에 도망치기 시작했다"가 된다. '그'도 '그녀'도 사용하지 않고 동작 방향이나 두 사람 위치 관계도 분명해진다.

⑤ 원문의 어순대로 번역해야 한다

이것도 기본 중 기본이라고 철저하게 배운 것 중 하나다. 학교 수업 등에서는 영어 문장 뒷부분부터 '번역'하는 방법을 배우지만 그렇게 하면 다음 문장으로 잘 이어지지 않는다. 원문 독자가 웃고 우는 것과 같은 순서로 일본 독자도 웃고 울게 하기 위해서는 원문 순서대로 번역할 필요가 있다. 하지만 경우에 따라서는 문장 뒷부분부터 번역하는 방법 외에는 어쩔 수 없기도 해서 학생들은 어떻게 하면 좋을지 고민하지만 "결국 그때그때 판단하는 수밖에 없다"는 것이 선생의 말씀이었다.

학생들은 모두 과제 부분의 원문을 읽고 오역이 없도록 그리고 이해하기 어려운 일본어가 없도록 세심한 주의를 기울인 다음 번역문을 제출한다. 그런데도 바로 화살이 날아온다. "여기는 왜 이렇게 번역했습니까?", "이 번역어 사용은 부주의하네요." 지적받으면서 어떤 번역어가 최선이었는지 어떻게 번역해야 잘 읽힐지 토론한다. 때로는 학생끼리 옆에서 몰래 "일본에서 이 정도로 문장 디테일에 매달리는 사람은 없을 거야", "독자는 이렇게까지 신경 쓰지 않는데 말이야" 소곤거리며 다음번에야말로 지적받을 일 없는 완벽한 번역문을 만들겠다고 분발했다.

번역하다 보면 아무래도 원문에 끌려가게 되고 "원문에는 이렇게 쓰여 있어서"라고 변명하고 싶어진다. 하지만 그것은 독자가 읽기 쉬운 문장이라고 할 수 없다. 당시 나는 '원문에 충실하게 번역하기'와 '익숙한 일본어로 번역하기' 사이에서 어떻게 타협해야 좋을지 고민 중이었다. 그때 가장 마음에 와닿은 것이 '결국 내가 읽고 싶은 문장을 쓰는 수밖에 없다'는 말이었다. 아, 그렇구나. 내가 읽고 싶은 문장을 쓰면 되는구나. 그 이후 번역문을 검토할 때는 반드시 이것이 내가 읽고 싶은 문장인지 자문한다. 간단해 보이지만 실은 매우 어려운 일이기도 하다. 왜냐하면 혼자서 피고인(번역가)과 검사(독자) 역할을 해내야 하기 때문이다.

번역이란 원문을 꼼꼼하게 분석하고 해석해가는 작업이다. 그래서 원문 작가도 몰랐던 모순이나 오류를 알게 되기도 한다. 『남아 있는 나날』의 역자 후기에서 쓰치야 마사오 번역가는 번역하면서 계절 묘사에 모순이 있다는 사실을 알

앉고, 가즈오 이시구로 작가에게 문의한 결과 "오류니까 수정해주세요"라는 답변을 받았다고 밝혔다. 원문에는 의외로 모순이 숨어 있는 법이다. 작은 모순이 있어도 독자는 일단 알지 못한다. 작가조차 눈치채지 못한다. 하지만 번역가는 알아차린다. 번역하기 때문에 알게 된다.

지금 나는 생각한다. 어쩌면 그때 공부회는 궁극의 독서회가 아니었을까. 테이블에 둘러 앉아 서로 번역문을 비평하며 작품 구석구석까지 해석하던 그 시간은 매우 긴장됐지만 동시에 더없이 행복한 독서회였다.

독서회를
성공으로
이끄는 힌트⑤

문제의식을 고취시킨다

책을 읽다 보면 내용을 둘러싸고 생각에 잠기는 일이 많다. 인생 경험이 많으면 많을수록 연애나 가족, 종교, 죽음 등 작품을 자신에게 대입해 생각하기 때문이다. 때로는 손에 책을 든 채로 가만히 생각에 잠겨 앞으로 나아가지 못할 때조차 있다. 그런 경우엔 생각을 종이에 옮기면 좋다. 글로 쓰다 보면 마음이 후련해지고 독서회에서 발언할 힌트가 되기도 한다. 책을 읽고 느낀 점도 그 자리에서 바로 써두지 않으면 금세 잊어버린다.

사실 혼자 읽는 동안은 이야기할 거리가 아무것도 떠오르지 않는 경우도 적지 않다. 그럴 때는 별다른 문제의식 없이 독서회에 가지만 다른 사람의 발언을 듣는 동안 말하고 싶은 게 계속 떠올라서 멈추질 않는다. 주변 사람들한테 자극받아 스스로 의식하지 못했던 생각이 발굴되고 정제되기 때문이다.

멤버 중에는 등장인물 이름과 관계, 마음에 남은 문장이나 깨달은 점 등을 노트에 적어 오는 사람도 있다. 그래서 등장인물 간 관계를 잘 모를 때 그 사람에게 물어보면 바로 대답해준다. 그 외에도 역사를 잘 아는 멤버에게는 시대 배경을 알고 싶을 때 해설을 부탁하기도 한다.

독서회 여운에 잠기다

독서회가 끝난 후 책 내용이나 이야기한 내용 그리고 논쟁이 된 점을 기록으로 남기면 여운까지 즐길 수 있다. 우리 독서회에서도 매번 보고서를 작성해 메일링 리스트에 업로드한다. 그중 몇 가지를 소개하고 싶다.

인생이란 무대에서 계속 춤추다
『도르젤 백작 무도회』

길었던 코로나19 시기가 지나고 멤버 전원이 모인 독서회. 몇 달 동안 직접 만나 이야기할 수 없어서 답답한 마음이었는데 드디어 전과 같은 독서회가 다시 시작됐습니다. 다만 모임 장소인 커뮤니티센터 요청에 따라 창문을 열어두고 테이블 간격을 띄웠습니다. 음식을 나눠 먹지 않고 큰 소리로 말하지 않으며 마스크를 썼습니다. 모임이 끝나면 다음 사용자를 위해 테이블과 의자를 소독했습니다. 그럼에도 열띤 토론이 벌어질 때면 자신도 모르는 사이 목소리가 커져 멤버끼리 주의를 주고받기도 했습니다. 우선 지난번 메일링 리스트에 감상을 쓴 『페스트』로 못 다한 이야기를 시작했습니다.

"『페스트』는 제2차 세계대전 직후 출판된 터라 페스트라는 재앙이 나치 독일을 비유했다고 보는 견해가 있는데 정말 카뮈의 의도였을까?"라는 문제가 제기됐습니다. 당시 사르트르가 희곡으로 체제를 비판했음을 생각하면 『페스트』는 일종의 우화로 그려졌을 가능성이 충분하지만, 카뮈가 의도했는지 알 수 없는 데다 "독자로선 이 작품을 순수하게 '페스트'로 즐기고 싶다"는 의견이 나왔습니다.

또 하나, 등장인물 가운데 한 명인 파늘루 신부가 소년의 죽음을 지켜본 후 환자를 돌보다가 자신도 페스트에 걸려 모든 것을 받아들이고 죽어가는 장면이 화제가 됐습니다. "죄 없는 아이가 고통받는 일은 부조리하나 신부로서는 하느님의 뜻을 받아들일 수밖에 없었을 것이다"라는 발언에 이어

"애초 '죄 없는 아이가 고통받는 일이 부조리하다'는 생각 자체가 얄팍한 게 아닌가?"라는 의문이 제기되어 기독교 신자인 멤버들에게 의견을 구했습니다. 그러자 "기독교에서는 애초 죄 없는 인간은 존재하지 않는다. 인간은 태어나는 순간부터 원죄를 짊어지기 때문"이라는 대답이 돌아왔습니다.

후반부는 이번 과제도서인 『도르젤 백작 무도회』(레몽 라디게)에 대한 이야기를 나눴습니다. 이 소설은 1923년에 불과 스무 살 나이로 세상을 떠난 작가의 유작입니다. 처음 알게 됐는데 라디게는 『도르젤 백작 무도회』가 출판되기 전에 장티푸스로 급사했기에 완벽히 교정을 볼 수 없었고 친구인 장 콕토가 원고를 많이 손봤다고 합니다. 우리가 읽은 새 번역본은 장 콕토가 손보기 전 초고를 번역한 작품입니다.

주요 등장인물은 도르젤 백작 안느와 아내인 마오 그리고 마오를 사랑하는 귀족 청년 프랑수와 세 명입니다. 한마디로 말해 삼각관계 이야기인데 희한하게도 사랑 고백도 없고 질투도 거의 없습니다. 그렇기는커녕 마오는 자신이 사랑을 한다는 자각조차 없이 시간이 흘러갑니다. 과연 감성이 예민한 라디게답게 단순한 삼각관계 이야기가 아닙니다. 작가는 얼핏 보면 솔직하고 정숙한 부인인 마오에 대해 순수한 영혼이 무의식 속에서 꾸미는 간계가 악덕이 벌이는 계략보다 더 기이하지 않다고 할 수 있을까?라고 묻습니다.

"이 소설은 육체성이 전혀 느껴지지 않는다. 등장인물이 어떤 얼굴인지 어떤 옷을 입는지 묘사가 거의 되지 않아 그들의 연애는 관념에 불과하고 마치 연애 게임 같다"는 감상이 있을 정도. 그렇습니다. 그려지는 것은 세 사람 사이에서 일어나는 미묘한 연애 심리뿐, 실체가 없습니다. 안느는 아내와 프랑수와가 대화를 나누는 장면을 보고 처음으로 아내에게 욕망을 느낍니다. 프랑수와는 남자인 안느에게 호감을 갖는 한편 안느를 남편으로서 존경하는 마오에게는 연애 감정을 품습니다. 보통 연애는 두 사람 사이에서 이루어지지만 여기에서는 제삼자가 꼭 필요합니다.

누군가가 좋아하는 상대이기에 자신도 좋아하게 된다. 연애에만 국한된 이야기가 아닙니다. 누군가 원하는 물건임을 알면 어떻게든 갖고 싶어진다, 흔히 있는 일이잖아요. 요컨대 욕망이란 타인의 욕망을 모방하는 것에 불과합니다. 이 세 사람 관계를 두고 누군가는 "당구 같다"라고 말했습니다. 공이 다른 공에 맞아 튕겨 나가면서 관계가 만들어지거든요.

"애초에 연애란 무엇일까?"라는 감상도 있었습니다. 왜 상대방을 좋아하게 됐을까, 그 근거는 어디에 있을까, 애당초 근거가 존재하긴 할까. 이윽고 자신의 연심을 깨달은 마오는 누구에게도 털어놓지 않은 채 발칙하게도 프랑수와의 어머니인 세리외즈 부인에게 편지를 써서 두 번 다시는 나와 만나지 않도록 아드님에게 전해주세요라고 간청합니다. 너무나 부자연스러운 행위지만 어머니도 마오에게 지지 않고 아무것도 모르는 척 그 편지를 아들에게 보여줍니다. "어쩌면 마오는 이렇게 뒤틀린 방식으로 프랑수와에게 사랑을 고백한 게 아닐까. 만약 그렇다면 이거야말로 '무의식 속에서 꾸민 간계'이며 그녀는 보기 좋게 세리외즈 부인을 이용한 셈"이라는 의견도 있었습니다.

"마오도 세리외즈 부인도 사랑을 모른 채 결혼하고 순진한 구석이 닮은꼴"이라는 감상대로 본문에 이렇게 적혀 있습니다. 이 두 명의 순수한 여성은 마치 스케이트를 처음 타는 사람 같았다. 미끄러운 빙판 위에서 그녀들은 누가 더 서투른지 겨뤘다.

한 멤버는 이런 발언을 했습니다. "프랑수와와 모친의 관계가 흥미롭다. 아들이 엄마를 남자의 눈으로 관찰하는 부분에서 소름이 돋았다. 남자가 여자를 사랑하면 자신의 어머니도 여자였음을 떠올리는 것이 아닐까?"

연심이 힘겨워 궁지에 몰린 마오는 결국 남편 안느에게 프랑수와를 향한 마음을 고백합니다. 하지만 남편은 화내지 않고 비난하는 일 없이 아내가 이미 다른 세계에 있다는 사실조차 눈치채지 못합니다. 자, 마오, 잠들도록 해요. 그의 암시적 말로 이야기는 끝납니다. 그 후 부부가 어떻게 변할 지가 화제에 올랐고 "남편은 둔감한 채로 변하지 않을 테고, 자아에 눈뜬 부인은 아마 표면상 아무런 변화 없이 일상을 계속 이어갈 것임에 틀림없다"는 의견이 대부분을 차지했습니다.

그런데 제목은 '무도회'인데 작품 속에 무도회 장면이 거의 등장하지 않습니다. "어쩌면 무도회는 비유가 아닐까?"라는 의견도 나왔습니다. 등장인물들은 서로 상대를 변화시키며 인생이라는 무대에서 춤을 춥니다. 어느 쪽이든 콕토가 붙인 제목이라 정말 시적입니다. 오랜만에 문학을 마음껏 이야기한 우리는 다시 한번 '독서회라는 행복'을 만끽하며 집으로 돌아갔습니다.

📗 라디게, 『도르젤 백작 무도회』, 시부야 유타카 역, 고분샤고전신역문고

장편소설을 모두와 함께 읽다

『레 미제라블』

1회차_제1부

『레 미제라블』을 읽은 건 처음이라 이렇게 재미있는 줄 이제야 알았습니다. 어렸을 때 읽은 어린이 동화 『아! 무정』

《레 미제라블》은 권선징악 설교조 이야기라는 인상이었는데 완전판인 이 책은 전혀 다르지 않겠습니까.

제1부는 초반부터 주교 인품을 세밀하게 묘사하는 장면이 길게 이어져서 대체 장 발장은 언제 등장하는 것일까 조금 당황스럽기도 합니다. 사실 이 주교의 흔들림 없는 양심이야말로 장 발장에게 일생 버팀목이 되어주기에 없어서는 안 되는 장임을 나중에 알았습니다. 형기를 마친 장 발장이 갈 곳이 없어 주교관을 찾았을 때 주교는 그를 따듯하게 맞아주며 아무것도 묻지 않고 함께 식사합니다. 설교도 교훈도 암시도 주지 않는 이런 세심한 배려 속에 진정한 복음이 있는 것이 아닐까요? 또 사람이 마음의 상처를 갖고 있을 때 동정을 표하는 가장 좋은 방법은 그 상처를 조금도 건드리지 않는 것이 아닐까요? 주교 여동생이 오빠 인품을 말한 이 장면에서 기독교 본질을 본 것 같았습니다.

반면 장 발장을 집요하게 쫓는 자베르 형사는 악역으로 그려지지만 실은 선의와 정의의 사람이고 민중을 대표하는 사람이기도 하죠. "선이든 악이든 강한 집착은 벡터 방향이 간단히 변해버린다는 점이 무섭다"는 감상이 있었습니다. 그래도 장 발장이 법정에 출두할지 말지 고민에 고민을 거듭하는 장면은 심리 묘사가 극명해서 제1부의 압권이라고 생각합니다.

작가는 다양한 시점에서 등장인물을 그리는데 스포트라이트를 비추는 방식이 훌륭합니다.

2회차_제2부, 제3부

『레 미제라블』이 드디어 클라이맥스에 접어들어 말 그대로 책장을 넘기는 것도 감질날 정도로 흥미진진해졌습니다.

이번에 읽은 제2부와 제3부에서는 워털루 전투 장면과 장 발장이 숨어드는 수도원 묘사가 꽤 길게 이어집니다. 북소리가 그치면 이성이 발언한다. …… 우연한 것은 우연으로 돌아오고 신의 것은 신에게 돌려주자. 워털루란 무엇인가? 승리인가? 그렇지 않다. 좋은 주사위 눈이 나오기까지의 일이다. 작가는 자신의 의견을 최대한 자제하면서도 중요한 부분에서 날카로운 비판의 문장을 적어놓았습니다.

수도원 장면에서는 종교에 대한 작가의 생각이 드러나는데 나는 이 부분을 매우 흥미롭게 읽었습니다. 수도원은 하나의 모순이다. 목적은 영혼의 구원이지만 수단은 희생이다. 수도원이란 그 결과로서 최고의 자기희생을 낳는 최고의 이기주의다라고 그 존재를 비판하면서도 나는 그 여인들이 믿는 것을 믿지 않지만 마찬가지로 신앙에 의해 살아간다라고 기도의 숭고함을 긍정합니다.

그다음에 가장 마음에 와닿은 문장이 이어집니다. 그녀

들은 심연과 미지를 동경하고, 부동의 어둠을 응시하고, 무릎을 꿇고, 나를 잊고, 놀라고, 떨고, 때로는 영원의 깊은 숨결을 받아 몸을 일으키는 것이다. 생각해보면 빅토르 위고는 시인이기도 했습니다. 군데군데 보이는 시적 표현이 훌륭해서 자꾸 다시 읽게 됩니다.

손에 땀을 쥐게 하는 장면이 이번에도 몇 군데 있습니다. 자베르 형사의 추적을 피해 장 발장과 코제트가 겨우 수도원으로 도망치는 장면입니다. 그리고 수도원에서 일단 밖으로 나오기 위해 빈 관에 들어가 무덤에 묻힐 뻔하는 장면(이 장 제목이 '묘지는 주는 것을 취한다'입니다. 대단해). 그리고 뼛속부터 악인인 테날디에(코제트를 혹사시킨 집안의 가장)의 함정에 빠져 협박당하는 모습을 옆방에 있던 마리우스(코제트의 연인이 되는 청년)가 숨죽여 바라보는 장면. "마치 영화를 보는 것처럼 조마조마해서 심장이 뛰었다"는 감상에 다들 공감했습니다.

마리우스의 등장 방식에도 상당히 공들였는데 작품 곳곳에 복선이 면밀하게 깔려 적재적소에서 교묘하게 회수됩니다. 우연이 지나치다는 비판도 있었습니다만 역시 읽게 만드는 솜씨가 대단합니다.

그런데 '레 미제라블'이라는 단어는 주인공의 비참한 처지나 운명을 뜻한다고 막연히 생각했는데 프랑스어 복수 정관

사 '레(les)'가 나타내듯 시대가 낳은 불운한 사람들이라는 인간 군상을 의미했군요. 꿋꿋하게 살아가는 악당이나 부랑자들이 저마다 이름을 갖고 등장하는 이유도 거기에 있었습니다.

3회차_제4부, 제5부

이번에는 마지막까지 읽었습니다. 제4부와 제5부에서도 '지하수도'나 '무장봉기' 등 긴 서술이 이어져 읽기 힘들었습니다. 하지만 이야기 전체를 통해 시대와 사회를 반영한 묘사가 모두 필요했음을 이해했습니다. 이 시대를 살았던 수많은 불행하고도 행복한 민중들. 주인공이어야 할 코제트와 장 발장도 격동의 파리를 가로지르는 하나의 그림자에 불과한 건 아닐까 하는 의견이 있었습니다.

등장인물이 전형적이라는 비판이 맞을지도 모르겠습니다. 그 때문에 통속적이라는 이야기를 듣는 것이겠죠. 코제트와 마리우스의 인물상도 깊이가 결여된 듯했습니다. 특히 어린 시절 불행에서 배움을 얻었을 코제트가 좀 더 현명했으면 좋겠다는 아쉬움이 있습니다. 하지만 작가는 코제트에게 순결한 천사의 역할을, 장 발장이 평생 애정을 쏟아야 할 귀여운 딸 역할을 부여한 건지도 모르겠습니다.

심리 묘사가 뛰어나다고 화제가 된 것은 장 발장이 자베르 형사의 목숨을 구해준 후 자베르 형사가 그를 체포할지

놓아줘야 할지 고민하는 장면입니다. 그리고 마리우스와 결혼한 코제트 곁에서 행복하게 살 기회가 주어졌음에도 장 발장이 자기 과거를 고백할지 격렬하게 고뇌하는 장면. 여기에는 양심이라는 그 무엇보다 엄격한 재판관이 있습니다. 교회도 교리도 사제도 모두 존재하지 않고 오직 그리스도 한 분만이 존재합니다.

문학적 묘사로 인상 깊었던 대목은 거울에 비친 글자를 장 발장이 발견하는 장면입니다. 즉 마리우스에게 보낸 코제트의 연서에 묻은 잉크가 역방향으로 압지에 스며들어 거울에 비춰져 장 발장이 보게 되는 부분입니다. 그야말로 문학적으로 뛰어난 묘사입니다. 연서를 읽게 된 '아버지'의 얼어붙은 절망감이 고통스러울 정도로 다가옵니다.

마지막에 스스로 죽음을 선택하고 세상을 떠난 장 발장. 머리맡에는 그에게 양심을 가르쳐준 사제의 모습이 정말 있었을지도 모릅니다. 그가 묻힌 이름 없는 공동묘지에는 연필로 쓴 이런 시가 놓여 있습니다. 그는 잠들었네. 비록 그 운명은 기구했건만 그는 살았네. 자신의 천사가 없어지자 그는 죽었네. 올 일은 오고야 말았네. 마치 낮이 지나고 밤이 오듯이. 이 시는 어쩌면 작가가 장 발장 무덤 앞에 써놓은 것인지도 모릅니다.

■ 빅토르 위고, 『레 미제라블』 1~3, 쓰지 도오루 역, 우시오출판사

혼자라면 손이 가지 않을 책
『모든 것이 산산이 부서지다』

 이번 과제도서는 『모든 것이 산산이 부서지다』입니다. 작가 치누아 아체베는 1930년 당시 영국 식민지였던 나이지리아에서 태어났습니다. 독서회에서 아프리카 문학을 다루는 것은 처음입니다. 멤버가 아프리카 문학 대표작으로 이 작품을 읽었으면 한다는 의견을 냈기 때문입니다. 혹시나 해서 웹사이트 서평을 봤더니 "읽기 잘했다"는 감상이 대다수였고 내가 아는 독서가들도 극찬했습니다.

 무대는 19세기 후반 아프리카. 나이지리아가 식민지가 되기 전 이보 부족의 커뮤니티를 그립니다. 제1부는 마치 구전문학처럼 중층적으로 이야기가 전개되고, 제2부에서는 백인이 등장, 제3부에서는 단숨에 이야기에 가속도가 붙어 결말에 이릅니다. 주인공 오콩코는 강인한 남자로 마을에서 유명합니다. 헛간 두 곳을 얌으로 가득 채울 정도로 부유하고 아내도 세 명이나 됩니다.

 독서회에서는 먼저 독특한 문화가 화제에 올랐습니다. "오콩코는 무슨 일이 있을 때마다 아내와 아이들을 때린다. 그렇게 함으로써 가장의 위엄을 나타내려 하는 것 같다. 남자다움에 이상할 정도로 집착하는 것은 왜일까"라는 문제가 제기됐습니다. "자기 아버지가 술꾼에 빚만 진 한심한 남자라는 게 수치스러웠을까. 아버지의 '연약함'을 극복하기 위해 남자다움을 강조하고 싶었던 것 같다." 분명 이보 부족 사이에서 용기 없는 남자는 '여자'라고 부르고, '연약하다'는 최악의 형용사입니다. 여기에서 과도한 남성주의를 엿볼 수 있습니다.

인간으로서 감정보다 신탁을 우선시하는 문화에 의문을 제기하는 의견도 있었습니다. "이웃 마을에서 인질로 데려온 소년을 오콩코는 귀여워하며 자기 아들처럼 키운다. 그런데도 그 소년을 죽이라는 신탁이 있자 몸소 실행한다. 이 장면이 충격적이어서 마음이 아팠다"는 의견에 모두 공감했습니다.

어느 날 오콩코가 갖고 있던 총이 폭발해 사람이 죽고 그 대가로 그는 어머니의 고향 마을에 7년 동안 유배를 가게 됩니다. "그래도 어머니 친척들이 힘이 되어주고 친구가 가게를 다시 세울 만한 돈을 빌려준다. 이곳에는 어려울 때 서로 돕는 공동체의 장점이 있는 것 같다. 일부다처제지만 아내들은 협력해서 살아가고 모든 아이를 자기 자식처럼 대한다. 인간의 지혜가 느껴져서 단순히 남존여비라며 부정할 마음이 들지 않았다"는 감상도 있었습니다.

오콩코는 7년의 유배 생활을 마치고 고향으로 돌아오는

데, 이전과는 달라진 모습을 알아차립니다. 마을에 백인이 들어와 기독교를 포교하고 있었습니다. 백인들이 마을을 지배해가는 방식이 화제였습니다. "백인은 교묘하게 식민지정책을 펼친다. 직접 지배하지 않고 현지인 몇 명을 기독교 신자로 만들어 부족민을 포섭하도록 유도한다"는 발언에 "그런 방식이 부족 분열을 낳고 내란을 불러온다"라는 의견이 이어졌습니다. 덧붙여 "나치가 유대인들을 분열시켜 지배했던 방식과 닮았다"라는 감상과도 연결됩니다.

위압적인 오콩코에 반감을 가진 장남은 재빠르게 신앙의 길로 들어섭니다. "젊은이가 새로운 사상에 끌리는 마음이 너무 이해된다"고 공감하는 목소리가 나왔습니다. 분명 기독교로 인해 구원받은 사람들도 있습니다. 부족 중에 억압받고 차별받던 사람들이 인간은 누구나 평등하다는 기독교 사상에 의해 해방됐기 때문입니다. 쌍둥이를 낳으면 죽였던 여성들도 아기 살인을 금지하는 종교에 의해 구원받았습니다. "백인이 가져온 종교를 작가는 나쁘게만 그리지 않았다. 그 점이 이 작품에 깊이를 부여한다"는 감상에 모두 동의했습니다.

하지만 처음에는 융화적으로 포교하던 백인들도 조금씩 강압적으로 변해가고 오콩코 세대는 어떻게든 자신들 영역을 지키려고 합니다. 하지만 백인들의 교묘한 방식에 이기지 못하고 자멸해갑니다. 이야기 마지막은 완벽하게 지배할 준비를 마친 지방 장관이 '아프리카 각지에 문명을 가져온' 경위를 책으로 만들기로 하고, 제목을 '나이저강 하류 지역 미개 부족 평정'으로 정하면서 끝납니다. 이런 끝맺음 방식이 암시적이면서 매우 뛰어나죠.

'평정'은 지배자 측 시점에서 보면 저항 세력을 무력으로 진압해 '평화'를 가져온다는 뜻입니다. "아체베 이전에는 이런 시점으로만 아프리카를 그리지 않았나 생각한다"는 의견에 이어 "아프리카 입장에서 그려냈다는 점이 아체베가 '아프리카 문학의 아버지'로 불리는 이유가 아닐까"라는 감상이 있었습니다.

이 작품은 부족이나 백인 어느 쪽이 좋고 나쁜지 평가를 내리지 않습니다. 현지 사람들은 일부다처제와 불합리한 폭력, 주술로 사람의 생사를 결정하는 등 문명사회에서 보면 터무니없이 야만적이지만 그들 나름대로 규율과 지혜를 갖고 평화적으로 살아갑니다. 한편 백인 측은 마을 사람들을 계몽해 문명화하는 것이 좋은 일이라는 선의를 갖고 있습니다.

여기에서 논의가 한발 더 나아가 "옛날에는 일본도 똑같은 짓을 했다. 중국 대륙에 가서 도시를 아름답게 바꾼 게 잘한 일이었다고 지금도 말하는 사람들이 있다"는 의견도 나왔습니다. "아체베는 양쪽 시점에서 묘사하는 능력이 탁월

했다. 아프리카인 시점으로 그리면서도 외부에서 들어온 모든 것을 부정하진 않았다." 확실히 그렇습니다. 양쪽 시점에서 써 내려간다는 것은 작가가 전통적인 풍습이 남아 있는 환경에서 자랐으면서도 가정에서는 기독교인 부모님 밑에서 문화적으로 자랐고 높은 교육을 받았기 때문이겠지요. 그런 점에서는 프란츠 파농의 『검은 피부, 하얀 가면』과 상황이 닮았을지도 모르겠네요. 파농은 식민지에서 태어나 자신을 흑인으로 의식하지 않고 자랐지만, 파리에 와서 비로소 자신이 흑인이란 사실을 깨닫고 백인 시선에서 자신을 바라봅니다.

나는 이번에 가치관이란 무엇인지를 많이 생각했습니다. '야만적 전통'을 '문명화'하면 그걸로 된 건가. 이것은 매우 보편적인 주제입니다. 혼자서는 읽지 않았을 책이기에 이런 만남이야말로 독서회 묘미라고 다시금 느꼈습니다.

▌치누아 아체베, 『모든 것이 산산이 부서지다』, 아이하라 아야코 역, 고분샤고전신역문고

목숨 바칠 조국은 있는가
『티보 가의 사람들』

부유한 사업가이자 가톨릭 신자 티보 가. 엄격한 아버지

와 집안 후계자로 자란 장남 앙투안느, 반항적인 차남 자크를 중심으로 이야기가 전개된다. 자크 친구 다니엘의 퐁타냉 가는 프로테스탄트. 다니엘 여동생 제니는 훗날 자크의 연인이 된다. 앙투안느는 의사로서 전쟁터로 간다. 감수성이 풍부한 자크는 반전 활동가가 되어 자기 의지를 관철한다. 제1차 세계대전이 일어나기 전 긴박한 상황을 그린 대하소설이다. 전 13권 중에서 특히 인상적이었던 장면을 보고하고자 한다.

1회차_「소년원」

『티보 가의 사람들』을 여기까지 읽으면서 요즘 자주 생각하는 물음은 '신앙심이란 무엇인가'입니다. 첫 회에서 퐁타냉 가 딸이 빈사 상태에 이르렀을 때 목사는 밤새워 신께 기도했는데 그 기도 내용이 "이 아이를 살려주소서"가 아닌 모든 것을 당신 뜻대로 하소서. 이 아이 생명을 거두는 것이 당신 뜻이라면 그렇게 하소서라서 적잖이 충격을 받았고 신앙심이란 무엇인지 생각했습니다. 인간의 지혜가 미치지 않는 무언가 큰 존재에 모든 것을 맡기는 일이라면 그것은 종교가 아니라 '운명'이라는 말로 바꿔 말해도 마찬가지 아닐까요.

기도란 어떤 행위일까요? "합격하게 해주세요", "건강하게 해주세요"와 같이 기도는 결국 자신의 욕망을 실현하고 이익을 얻으려는 행위입니다. 타자를 위한 기도도 마찬가지일 것입니다. "사랑하는 사람을 살려주세요"라는 기도는 얼핏 보면 이타적으로 보이지만 결국 사랑하는 사람을 살리고 싶은 자신의 욕구에 불과하기 때문입니다. 설령 자신을 희생해서 무언가 기도한다 해도 그 역시 자신을 희생해서 욕구를 충족하려는 것뿐이 아닐까요.

티보 가 당주로 위엄을 갖추고 오만한 지위와 명예를 모두 손에 쥔 티보 씨에게 단 한 가지 약점은 죽음이었습니다. 사후 안녕을 위해 그는 교회에 거금을 기부하고 신과의 중개역인 사제 심기를 거스르지 않으려고 합니다. 아버지로서 자크를 향한 애정은 조금 있는 것 같지만 '성가신 둘째 아들'을 소년원에 격리해 자신한테서 멀리 떨어뜨려 세속적인 체면을 지키고 싶은 마음이 본심이었을 겁니다. 자크를 소년원에서 집으로 돌려보내라고 타이르는 사제의 말에도 완강히 거부하다가 결국 성경 말씀이라는 마지막 패를 내밀자 부들부들 떱니다. 사제는 티보 씨의 약점을 알기에 가장 효과적인 마지막 수단을 썼다고 할 수 있습니다. 노골적으로 말한다면 사후 안녕을 담보로 일종의 협박을 한 셈입니다. 그런 협박을 당한 티보 씨는 자신에게 가장 중요하고 거의 손에 닿을 뻔한 학사원 회원이라는 지위를 내어주려 합니다. 왜냐하면 그것이 그가 할 수 있는 최대의 자기희생이기 때문입니다. 사후 안녕을 생각하면 학사원 회원이라는 지위조차 내놓아도 상관없고 혹은 내놓는 마음만이라도 보여줘 용서받기를 바랐던 게 아니었을까요. 그에게 종교는 어디까지나 이익을 얻기 위한 도구일 뿐입니다.

2회차_「아름다운 계절1」

자크와 앙투안느의 차이가 강조되는 부분이 몇 군데 있습니다. 자크는 섬세하고 감수성이 풍부한 사람입니다. 자유를 사랑하고 권력에 대한 반항심을 갖고 있습니다. 반면 앙투안느는 장남 기질에 우등생다워서 아버지 성향을 물려받았다는 내용이 많이 눈에 띕니다. 한마디로 말하자면 자크는 시적이고 앙투안느는 산문적입니다.

지난번에 읽은 부분에서 티보 씨는 아무것도 남기지 못한 채 죽을지 모른다는 불안을 호소했는데 그 후 손자에게 물려주리라고 생각한 것이 티보 안의 티보라는 증거로 정말이지 훌륭한 이름이었습니다. 티보 씨는 그것으로 완전히 만족하는 듯했지만 예민한 자크는 아버지의 '죽음에 대한 불안'을 감지했습니다.

앙투안느가 수술하는 장면 그리고 그 자리에 함께 있던 여성과 사랑에 빠지는 장면은 인상 깊었던 대목 중 하나입니다. 앙투안느를 작가가 다소 엄하게 묘사하는 것 같지만 이 나이대 남자라면 관능에 빠지거나 자부심을 드러내도 어쩔 수 없지 않나, 그렇게 지금 나는 되도록 그를 싫어하지 않으려 합니다(아무래도 자크한테 감정이입이 되어버려서요).

3회차_「아름다운 계절2」

퐁타냉 가의 아버지 제롬은 애인이 죽는 자리에 아내를 동석시키고 돈까지 마련해줍니다. 애인이 죽자마자 아무 일 없었다는 듯이 집으로 돌아왔을 뿐만 아니라 전에 사귀었던 리넷을 찾아내어 경제적인 원조를 해주는 형국입니다. 인기남이 언제나 그렇듯이 자기 약점을 드러내는 것을 무기 삼아 여자를 유혹합니다.

자크와 제니는 둘 다 섬세하고 감수성이 풍부하고 반골 정신을 가진 닮은꼴이며 서로 그것을 알고 있습니다. 그렇기에 분명 서로에게 끌리지만 거울에 비친 서로의 존재를 솔직하게 받아들이지 못합니다. 특히 제니는 자크를 사랑하는 자신을 거부하고 싶은 마음이 있어서 자기 감정을 힘겨워하고 괴로워합니다. 이를 어머니에게 호소하는 장면이 매우 훌륭하게 그려져 읽는 입장에서는 어머니와 딸 양쪽 마음을 이해하는 만큼 가슴이 먹먹해집니다. 그건 그렇고 섬세한 소녀에게 인생이란 얼마나 불합리한가요?

4회차_「1914년 여름2」

이 부분이 클라이맥스라 해도 좋을 정도로 전쟁 전야의 고양감이 전해져서 감동적인 장면이 많았습니다. 책을 읽으면서 나도 모르게 파리 거리에서 데모하는 군중에 섞여 걷는 듯했습니다. 역사의 한 페이지가 넘어가려는 순간, 사랑하는 사람과 그 고양감, 절망감을 함께하는 자크와 제니의 기쁨 또한 크게 느껴졌습니다. 특히 딱딱한 껍데기를 드디어 깨고 자크에게 마음을 여는 제니에게 이 순간은 행복의 절정을 맞이한 시기였을 겁니다.

무엇보다 가장 인상 깊었던 대목은 앙투안느가 전쟁 혹은 동원에 대한 자기 생각을 고통스럽게 말하는 장면이었습니다. 그동안 출세와 쾌락을 추구하며 다소 이기적이라고도 느껴졌던 그가 국가에 대해서는 성실했습니다. 거대한 우산 아래에 있는 한 따르지 않으면 안 된다고 말합니다. 여기에서 어릴 때부터 한 집안 장남으로 자라온 그의 보수성이 그대로 나타납니다. 그에 반해 엄격한 아버지와 모든 권위에 반항해온 자크는 어디까지나 순수하고 자유로운 이상주의적 인물입니다.

국가 명령하에 상대방 목숨을 뺏을 바에야 자신이 죽는 편이 낫다, 국민이기 전에 먼저 인간이고 싶다는 것이 자크의 성실함이고 어릴 적부터 변하지 않은 마음입니다. 성실함의 방향을 달리하는 두 형제의 기질이 전쟁을 눈앞에 두고서 태도를 통해 상징적으로 드러납니다. 읽으면서 마음속에 늘 떠올랐던 문장이 데라야마 슈지의 단가였습니다.

> 성냥개비 긋는 순간 바다에는
> 뿌연 안개 목숨 바칠 조국은 있는가
>
> 데라야마 슈지, 『나에게 오월을 われに五月を』

■ 로제 마르탱 뒤 가르, 『티보 가의 사람들』 전 13권, 야마노우치 요시오 역, 하쿠스이U북스

산을 내려간다는 것
『마의 산』

1924년에 출간된 토마스 만의 장편소설. 주인공 한스는 사촌 문병차 방문한 요양원에서 7년간 머문다. 그동안 러시아인 쇼샤 부인과 사랑에 빠지고 유대인 예수회 수도사 나프타, 이탈리아인 계몽주의자 제템브리니 등 개성 넘치는 사람들과 교류하다가 제1차 세계대전 시작과 함께 산에서 내려온다. 우리는 이 작품을 차분히 음미하기 위해 네 번에 나누어 읽었다.

1회차_제1장~제3장

　사촌 요하임을 병문안하러 스위스 산에 있는 요양원을 찾은 청년 한스. 그는 그곳에서 다양한 인물을 만나 토론하고 사랑하며 다채로운 '거주자들'을 관찰해갑니다. 요양원이라고는 하지만 마치 사교 클럽 같은 산 위 세계에서는 별다른 사건이 일어나지 않습니다. 한스는 복잡한 대화의 청자가 되거나 연애 비슷한 행위를 하며 단조롭게 하루하루를 보냅니다. 어느새 완전히 산 위 주민이 되어 하루가 일주일이 되고 한 달이 되고……. 앞으로 어떻게 전개될는지. '산 위에 사는 것'과 '산을 내려가는 것'이 무엇을 상징하는지 조금씩 보이기 시작합니다.

2회차_제4장~제5장

　죽음과 닿아 있는 환경에서 지내면서도 죽음 따위는 없는 것처럼 멀리하는 요양원 주민들. 서로 병의 무거움을 자랑하고 견제하며 죽음의 공포를 감추려고 합니다. 매우 도착적인 이 심경을 토마스 만이 능숙하게 그려서 모두 감탄했습니다. 죽음은 생의 일부인데 보지 않으려 하는 건 건강한 인간이라면 더욱 그렇습니다. 우리한테 죽음은 항상 남 일이죠. 그렇다고 해서 항상 죽음을 생각하며 일상을 살아갈 수는 없지 않을까. 그런 이야기를 나누었습니다.

3회차_제6장~제7장 중반부

하권의 「민헤어 페퍼코른(끝)」까지 읽었습니다. '끝'이 무슨 뜻일까 궁금했는데 말 그대로 그의 인생의 '끝'이었군요. 이번에 화제가 된 것은 대부분 그에 관한 이야기였습니다. 그런데 이 인물, 폭풍처럼 나타났다 사라졌다, 정말 신기하고 묘한 매력을 가진 남자입니다. 나프타와 제템브리니의 현학적 대화의 독을 중화할 만한 쾌락주의자라서 그 쾌락을 충분히 맛볼 수 없게 되자 스스로 극적인 형태로 종지부를 찍었다고 생각합니다. "한스와 쇼샤 부인 사이를 꿰뚫어 보는 부분에서 호쾌함뿐만 아니라 섬세함까지 겸비한 인물임을 알 수 있었다"는 의견이 있었습니다.

순수한 청년 요하임이 죽어가는 장면은 가슴 아팠지만 그는 자기 의지로 요양원을 떠나 짧은 시간이긴 해도 하고 싶은 일을 하고 죽었으니 소망을 이루었다고 만족하지 않았을까요. 요하임이 죽는 장면에서 죽음에 대해 작가가 고찰하는 건, 작가도 가족들 죽음을 많이 봤기 때문이 아닐까 하는 감상이었습니다. 그리고 '시간'에 대한 고찰. 이 책에서 가장 큰 주제입니다. 한스는 이제 자신이 얼마나 긴 시간 동안 요양원에서 지내고 있는지조차 알 수 없게 됩니다. 이곳에서는 하루나 1년이 다르지 않으니까요(그렇기 때문에 '마의 산'인 것입니다). 토마스 만은 실제로 요양원을 방문한 적이 있는데 그때 경험을 부풀려 이 책을 썼다고 합니다. 이만큼 인물을 차례로 등장시켜 각각 개성과 사상을 부여해 그려내는 역량이 놀랍습니다.

4회차_제7장 중반~마지막까지

이야기 마지막은 다양한 요소가 가득해서 어지럽게 전개됩니다. 음악, 신비주의 유행, 인간관계에서의 불화, 그것이 심해진 결투, 전쟁에 대한 불온한 공기 그리고 눈사태처럼 많은 사람의 하산. 요하임의 영혼을 불러내는 장면이 매우 인상 깊었습니다. 영혼을 불러냈지만 한스는 그에게 말을 걸지 못하고 호기심으로 불러낸 데에 마음속으로 사죄합니다. 그런 부분에 두 사람 신뢰 관계가 응축돼 있어서 왠지 가슴이 죄어왔습니다. "마지막에 허둥지둥 끝냈다는 느낌이 들었다"라고 누군가 의견을 말했는데 작가는 그렇게 해서 억지로 이 작품에 종지부를 찍은 게 아닐까 하는 의견도 있었습니다. 영원히 계속될 것 같던 태평한 꿈을 깨우는 사건은 역시 전쟁밖에 없었다는 걸까……. 지금까지 다룬 책 중에 가장 읽을 만한 가치가 있는 책이었다는 의견도 나왔습니다. 결국 이 책은 '마의 산'에 초점을 맞추면서 인생 그 자체를 그린 작품이지 않을까요.

▍토마스 만, 『마의 산』 상·하, 다카하시 요시타카 역, 신초분코

2년 반에 걸쳐 읽은 기록
『잃어버린 시간을 찾아서』

2008년 10월부터 2011년 4월까지 마르셀 프루스트의 장편소설『잃어버린 시간을 찾아서』(전 13권)를 2년 반에 걸쳐 읽은 기록이다. 독서회가 끝난 후 그날 읽은 내용과 토론 내용을 무카이 씨가 메일링 리스트로 보고했다. 그중에서 12회분을 발췌했다.

2008년 10월 23일_참석자 열 명

오늘은『잃어버린 시간을 찾아서』첫날이라 참석자가 많았습니다. 오랜만의 성황이었습니다. 제1편「스완네 집 쪽으로」제1부 콩브레 제1장을 이야기했습니다.

어린 '나'는 침대에 들어가 잠들지 못한 채 언제 어머니가 2층으로 올라와 키스해줄지 하염없이 기다렸습니다. 콩브레에 관해 그런 기억밖에 없는 나인데 어느 겨울날 홍차를 적신 마들렌을 입안에 넣자마자 신기하게도 행복함에 사로잡혀 가족과 보낸 콩브레에서 기억이 생생하게 떠오릅니다. 여기부터 콩브레 풍경과 그곳에서 만난 사람들이 상세히 그려집니다. 가장 유명한 장면이지요.

주인공인 나는 유복한 부르주아 가정의 병약한 독자로

장래에 작가를 꿈꿉니다. 그렇다 해도 그의 예민한 감수성에 감탄할 뿐입니다. 감각을 세세하게 기억하고 편집적일 정도로 자세하게 표현하는 능력이 보통이 아닙니다. 감수성을 그대로 드러내며 기술하는 문장은 줄거리를 따라가는 소설과는 달랐습니다. 읽기 힘들다면 힘들겠지만 작가의 감성과 같은 지평선에서 의식의 흐름에 몸을 맡기듯 읽으면 좋다는 의견이 있었습니다. 빨리 앞으로 나아가고 싶다(그렇지 않으면 잊어버린다!)고 생각한 저였지만 "좀 더 천천히 음미하며 읽어야 한다"고 혼났기에 천천히 읽기로 했습니다. 꿈과 현실의 경계에서 흔들리며 잠깐 프루스트 세계에 빠져봅시다.

2008년 12월 19일_참석자 일곱 명

「스완의 사랑」 중반부까지 읽었습니다. 전편 중 「스완의 사랑」은 좀 특수해요. 이 내용만 따로 떼도 한 편의 소설로 즐길 수 있거든요. 「콩브레」와는 달리 삼인칭으로 거리감을 두고 그려지기에 읽기 쉬웠습니다.

역시 줄거리를 따라가면 의미가 없고 이 소설의 특징은 세세한 심리 묘사입니다. 살롱을 주최하는 베르뒤랭 부인과 '신자'들의 심리전, 귀족에 대한 질투, 우스꽝스러운 속물근성이 재미있지만 살롱 풍경은 읽고 있기만 해도 피곤해질 정도입니다. 하지만 스완이 고급 창녀 오데트를 향한 연심을, 스스로 고통을 부여하듯 '만들어가는' 묘사는 훌륭하다고 할 수밖에요. 사랑을 불태우고 지속시키기 위해 이렇게까지 할 수 있을까 싶을 만큼 자신을 일부러 몰아붙입니다. 몰아붙이는 상황을 즐기는 것 같지만 그러는 사이 여유가 사라지고 진짜 질투의 포로가 돼버립니다. 이 얼마나 도착적인 연애인가요.

이런 심리는 사실 보편적일지 모릅니다. 대개 연애소설이 연애를 표면에서 그린다면 이 작품은 심리에만 초점을 맞춰 이상하리만치 세밀하게 묘사한, 말하자면 이면에서 바라본 연애소설이지 않을까요. 이 의견을 듣고 새로운 시점을 얻었습니다. 그렇구나, 보통의 연애구나. 그에게는 사랑과 사교가 인생의 전부라서 정력을 쏟는 대상으로 보전해야 했고 그러려면 수많은 노력이 필요했을 것입니다.

독서회에서 돌아오는 길, 이노가시라공원은 아직 단풍이 아름다웠고 차가운 공기가 상쾌했습니다. 멀리 보이는 나무들이 터너 그림 같았습니다. 여러분, 새해 복 많이 받으세요.

2009년 1월 22일_참석자 열 명

오늘은 「스완의 사랑」 마지막까지, 그리고 제3부 「고장의 이름: 이름」을 읽었습니다.

스완은 관념으로 무리하게 만든 사랑에 스스로를 몰아붙이듯 깊이 빠지죠. 고통받는 자신을 관찰하며 더욱 사랑을 키워갑니다. 그 사랑의 기회 또한 주도면밀히 계획된 결과라는 생각마저 듭니다. 관념으로 만든 사랑과 실제 사랑을 동시에 진행하고, 둘의 격차가 사라진 지점에서 사랑을 소멸시켰다는 해석이 있었습니다. 밤 모임에서 들은 음악 이미지를 언어로 표현하는데 그 풍성함에 압도됩니다.

이 소설은 행간을 읽을 필요가 없다는 의견이 나왔습니다. 역시 행간 따위는 존재할 여지도 없을 정도로 의식에 떠오르는 것 모두, 의식 밑에 있는 것까지 전부 언어화합니다. 독자는 인칭도 시제도 상관없이 작가가 보여주는 언어의 바다에 몸을 맡기면 되기에 읽기 쉬웠을지도 모르겠습니다.

「고장의 이름: 이름」을 읽을 땐 발베크나 베네치아라는 지명에서 '분명 이런 장소일 거야' 무한한 상상력을 발휘해 봤습니다. 하나의 이야기가 만들어질 것 같았거든요. 나와 질베르트의 사랑이 펼쳐지는데, 스완의 사랑을 모형 삼은 것처럼 세밀한 심리 묘사가 고통스럽게 이어집니다.

「스완의 사랑」 마지막, 스완의 오데트를 향한 사랑은 분명 식었을 텐데 질베르트가 스완과 오데트의 딸이라니! 왜 그런 일이······. 이에 대한 설명이 뒷부분 어딘가에 나오는 걸까요? 마지막 장면에서는 화자가 어느새 현재의 내가 되어 먼 옛날을 회상하는 시점으로 이동합니다. 자신도 모르는 사이에 이야기 바깥으로 쓱 나와서 바라보는 것처럼.

2009년 2월 27일_참석자 열 명

어제 독서회는 분위기가 무르익어 충실했기에 시간이 금방 지나갔네요. 이번에는 「꽃핀 소녀들의 그늘에서I」 제1부 「스완 부인을 둘러싸고」의 절반 정도까지 읽었습니다.

스완의 오데트를 향한 사랑은 식었지만 급변하여 두 사람은 부부가 되고 마치 스완과 오데트의 연애를 흉내 내듯 내가 그들의 딸 질베르트를 사랑하는 장면이 이어집니다. 하지만 내가 관능적 동경을 품는 이는 질베르트 너머에 있는 오데트입니다. 오데트 이미지를 스스로 만들어내고 또 파괴하면서 나는 스완 가 깊숙한 곳에 발을 들입니다. 화려한 교제로 물들었던 스완의 인간관계는 이제 오데트에게 맞춰져 현재 생활에 완전히 만족하고 안정된 듯 보입니다.

스완은 속물적인가 아닌가 하는 의문이 생겼습니다. 상류계급과의 교제를 감춘 것은 사실 권위를 강렬히 의식해서이고 속물근성의 극치이기도 합니다. 그런 입장이면서도 원래 상승 욕구가 없고 권위에 관심 없는 취미인_{취미가 생활의 일부가 된 사람}이었다고 생각합니다. 그렇기에 늘 마음을 북돋우는 새로운 대상을 만들어내지 않을 수 없었겠지요.

살롱도 화제가 됐습니다. 일할 필요 없는 사람들에게 살롱은 유일한 삶의 보람이자 일과였고, 살롱 관장은 여주인의 역할이었습니다. 그 일엔 재치와 교양이 필요했기에 오데트 또한 나름대로 노력했을 테지요. 스완의 아내라는 지위를 얻은 그녀에게 행복한 시간이었음에 틀림없습니다.

『잃어버린 시간을 찾아서』라는 소설은 '왜 쓰는가?' 그 자체를 쓴 소설이며 "시공간이나 인칭을 뛰어넘어 작가가 자기 과시 차원에서 쓰고 싶은 모든 것을 실험적으로 써 내려간 소설이 아닌가"라는 의견이 있었습니다. 그런 의미에서 이런 형식의 작품은 두 번 다시 나오지 않을 것 같습니다. 일찌감치 예언된 스완의 죽음, 희미하게 들려오는 알베르틴의 이름. 앞으로 전개를 위해 곳곳에 복선이 깔려 뒷이야기를 읽지 않으면 견딜 수 없을 정도로 이미 프루스트에 깊숙이 빠져들었습니다.

2009년 4월 23일_참석자 여덟 명

이번 모임에서는 「꽃핀 소녀들의 그늘에서Ⅱ」를 3분의 1까지 읽었습니다.

할머니와 함께 발베크에 머물고 있는 나는 다양한 사람과 만납니다. 할머니 친구 빌파리지 부인, 나와 친구가 되는 생루, 앞으로 중요한 역할을 하게 될 샤를뤼스 남작, 유대인

블로크 가족 등. 특히 미남이고 멋지지만 위험한 냄새를 풍기는 샤를뤼스는 만남부터 강렬한 인상을 남깁니다. 나를 뚫어지게 쳐다보는 눈빛, 깊은 밤 나의 방에 책을 가져다주러 왔을 때 보여준 의미 있는 동작. 그는 일찍이 아름답고 지적인 젊은이 나를 욕망의 대상으로 겨냥한 게 아닌가 하는 생각이 듭니다.

나와 할머니가 빌파리지 부인과 함께 마차를 타고 외출하는 길 건너편에 세 그루 고목나무가 서 있었습니다. 나는 그 풍경을 바라보면서 콩브레에서 교회 종탑을 보았을 때와 비슷한 행복감에 사로잡힙니다. 사고에 따른 사고로 자신에게 일종의 작용을 요구하는 이 영감으로 나는 자기 안의 세 그루 나무 생각에 집중합니다. 그것은 과거 풍경 같기도 하고 꿈속 풍경 같기도 합니다. 혹은 이 산책 자체가 하나의 이야기이고 그 이야기에서 눈을 뗐을 때 발견하는 현실이 세 그루 나무일지도 모른다는 생각이 들었습니다.

세 그루 나무가 무엇을 의미하느냐가 화두로 떠올랐습니다. 현재, 과거, 미래라는 시간이 아니냐는 의견이 나왔습니다. 이 장면이 하나의 기점이 되어 이야기는 한동안 현실만을 묘사한다는 지적도 있었습니다. 결국 나는 세 그루 나무에서 멀어지면서 정체를 알 수 없는 슬픔에 홀로 깊이 빠져듭니다. 이 장면이 마지막 「되찾은 시간」에서 문학의 의미를 찾아내는 장면으로 이어지게 됩니다.

이 소설은 마지막이 처음으로 이어지는, 말하자면 뱀이 자신의 꼬리를 삼킨 것과 같은 구조라서 복잡하게 복선이 깔려 있고 마지막 「되찾은 시간」으로 수렴됩니다. 빨리 그곳에 도달하고 싶다! 일단 그때까지 무사히 살아남도록 각자 건강 관리에 힘쓰십시오.

2009년 7월 23일_참석자 열 명

「게르망트 쪽 I」 150페이지 정도까지 읽었습니다.

지난번 알베르틴을 향한 사랑은 어디로 갔는지. 상대 나이와 신분을 불문하고 순식간에 사랑에 빠지는 나는, 이제 게르망트 공작부인에 빠져서 동경심을 키우고 있습니다. 오페라극장에서는 그녀의 우아한 자태를 쫓고 산책길에서는 아무렇지 않은 척하며 스토커처럼 쫓아다닙니다. 그런데도 우리가 이름에 대응하는 현실 인물에 가까워지면 요정은 쇠약해진다라고 말해 동경하는 대상과의 거리감이 또다시 미묘하게 굴절됩니다.

파리 오페라극장에서 〈페드르〉를 감상했을 때 대배우 라베르마에 대한 시각이 두 번째에서야 바뀌었다는 대목은 꽤나 철학적이라 '아름다움을 인식한다는 것은 무엇인가'를 생각하게 합니다. 처음 관람했을 때 어쨌든 아름답다는 관념에 도달하는 것이 곧 아름다움을 인식하는 것이라는 생각이 너무 강해 감각으로는 포착할 수 없음을 알았습니다. 하지만 감각 또한 언어로 인해 존재하는 이상, 아름다움을 인식한 이유는 두 번 봤기 때문이지 않을까요?

이 부분 심리는 감각적으로 잘 알 수 있습니다. 여담이지만 저(무카이)는 매년 벚꽃을 볼 때 아무리 고개를 들고 바라봐도 '봤다'는 생각이 들지 않고 어디까지 시야를 넓혀서 혹은 열과 성을 다해 봐야 '봤다'고 말할 수 있는 건지 모르겠습니다. 어디선가 "아~ 예쁘다"라고 말로 표현하고 관념화하지 않으면 안심할 수 없다고 해야 할까요.

다음에는 조금만 더 노력해서 400페이지 정도까지. 올해 안에 「게르망트 쪽」을 끝낼 예정입니다. 반드시!

2009년 10월 23일_참석자 여섯 명

오늘 읽은 부분은 할머니 죽음에 대한 에피소드가 있어서 그런지 더 읽기 쉬웠던 것 같습니다.

애정이 깊었던 할머니를 잃은 나의 슬픔은 물론이고 어머니의 비탄해하는 모습과 자신의 고통을 가족들에게 알리지 않겠다는 할머니 심정 등 가슴에 와닿는 바가 많았습니다. 임종 자리에 함께하는 한 사람 한 사람을 나는 날카로운 시선으로 바라보는데 하녀 프랑수아즈에게는 특히 고통에 몸부림치는 육체를 볼 때 느끼는 흥미를 감추려는 부끄러움조차 결여돼 있다고 신랄하게 비난합니다. 하지만 그런 잔인한 흥미는 인간의 본질이기에 다른 사람들은 그저 잘 숨기고 있을 뿐이라는 의견도 있었습니다. 할머니 임종이라는 상황 속에 당당하게 나타난 게르망트 공작도 기막히지만, 사교계에서는 우선순위가 보통과 다르기에 그들에겐 하나도 이상하지 않은 일이겠지요.

게르망트 공작부인에게 그렇게 집착하던 나는 어머니의 한마디에 열정이 식어버립니다(이 부분에 대한 설명도 없어 불합리하다는 의견도 있었음). 그런데 집착이 사라지자마자 공작부인으로부터 정중한 초대를 받게 됩니다. 열정을 쏟는 자와 받는 자, 역학 관계의 교대라는 이 패턴은 「스완의 사랑」에서 일관되게 볼 수 있습니다.

나의 여성 편력은 엔진이 풀가동되는 양상을 보여줍니다. 이제는 애정을 느끼지 못함에도 알베르틴을 보자마자 침대로 끌어들입니다. 목표 대상이 실패로 끝났을 때 '보결'로서 그녀를 남겨두려 합니다. 그리고 원래 목표였던 스텔마리아 부인과 데이트를 할 수 있을 것 같자 머릿속은 망상으로 가득 차고, 늘 그렇듯 관념으로 사랑을 하는 남자로서 행복의 절정에……. 하지만 결국 상대가 (무려!) 거절의 말조차 잊고 있었음을 알고 눈물을 흘립니다. 정말 당연하다! 조금은 네 자신을 아는 게 좋겠다!

2010년 6월 24일_참석자 여섯 명

오늘은 「소돔과 고모라Ⅱ」 후반부를 읽었습니다. 읽기 수월하고 재미있다는 의견이 많았습니다. 화자인 내가 주위 관찰뿐만 아니라 자신의 심리를 묘사하는 대목이 인상적이었습니다.

슬슬 알베르틴과 헤어지려고 생각하던 그때 그녀가 동성애자인 뱅퇴유 아가씨 친구와 친한 사이라는 결정적 사실을 알게 됩니다. 나는 큰 충격을 받지만 동시에 이때 나는 자신이 겪은 끔찍한 고통에 대해 거의 자랑스럽다고도 할 만한 기분, 기쁨과도 닮은 감정을 품는다. 사람이 어떤 충격을 받고 더 높이 올랐기 때문에 아무리 노력해도 오를 수 없는 높은 지점에 도달한 감정이었다는 것입니다. 알베르틴이 동성애자인 사실이 결정적 계기가 된 지금 나는 그녀와 절대 헤어지지 않겠다고 결심합니다. 매우 역설적이지만 남자를 상대했을 때와는 비교할 수 없을 정도의 질투입니다. 한 무대에서 싸울 수 없는 상대에 대한 질투이며 최고 수준의 장애물이 나타났기에 그녀를 놓을 수 없게 되죠.

또 하나의 질투라면 샤를뤼스와 모렐 사이의 끈적한 질투가 있습니다. 샤를뤼스가 쥐피앵에게 준비시켜 모렐과 게르망트 대공의 만남을 엿보려고 하는 장면. 마치 악몽 같다……. 도대체 쥐피앵이 왜 이런 역할을 맡았는지, 상하 관계가 아닐 텐데, 그런 의문이 들었습니다. 샤를뤼스는 모렐에게 사랑받는 자신의 지위를 하인에게 빼앗길지 모른다는 질투심을 불러일으키고 그것을 잘 이용합니다. 그럼에도 불구하고 샤를뤼스는 모렐만 바라보지 않고 젊은 남자를 보면 눈독 들이고 블로크한테까지 접근하려 합니다. 이 부분에서 자존심 때문에 틀어진 계책의 방식이 읽고 있으면 불쌍할 정도입니다.

자, 드디어 다음에는 알베르틴이 나에게 '사로잡히게' 됩니다. 과연 알베르틴은 정말로 나를 사랑하고 있던 걸까요. 실연한 나를 위로하는 그녀의 진짜 마음이 어디에 있는지 지금까지의 묘사에서는 읽어낼 수 없었습니다. 나에게 있어, 어디까지나 사랑하는 사람은 우리로부터 몇 걸음 떨어진 곳에 있는 게 아니라, 실은 우리 마음속에 있다며 스스로 창조할 뿐입니다. 그래서 어떤 여성이 상대가 됐든 자신의 사랑과 비슷한 감정을 발견하지 못한다는 소감이 있었습니다.

오늘은 견학 온 사람이 한 명 있었습니다. 계속 참가하면 좋겠습니다.

2010년 11월 25일_참석자 일곱 명

「도망치는 여자」 절반을 읽었습니다.

이번에 읽은 부분은 화자인 나의 독백이랄까, 심리 묘사만 계속돼서 정말 읽기 힘들었다는 의견도 있었지만 저로서는 가장 마음에 드는 부분이었습니다. 지금까지 가장 관념적이고 내면적이었습니다. 왜 좋았냐면 여기에서 사랑의 내막이 전부 밝혀지기 때문입니다. 무엇보다 농후한 사랑 고백이라고 생각했습니다.

이제껏 나는 알베르틴을 더 이상 사랑하지 않는다고 몇 번이고 말해왔지만 그것은 연애 감정을 지속시키기 위한 것이고 사실은 이렇게나 그녀를 사랑하고 있었습니다. 하지만 그녀가 죽은 후에야 사랑이 되었다고 생각하는 것도 가능하겠죠. 자신의 사랑을 발견하기 위해서는 헤어지는 일이 필요하고 전쟁의 중대함을 알기 위해서는 평화로운 상태가 필요합니다. 빛을 알기 위해서는 어둠이, 삶을 알기 위해서는 죽음이 필요한 것과 마찬가지입니다. 이번에 읽은 부분에서 이런 내용을 몇 번이고 이야기합니다.

화자인 나한테 여성들이 왜 이렇게 매력을 느끼는지 역시 잘 모르겠습니다. 그의 행동도 심리도 이상하게 편집적입니다. 하지만 이 글은 어디까지나 나의 내면을 쓴 것이기에 이상하다 생각될 정도로 자신을 파헤칩니다. 어쩌면 인간 마음의 움직임을 전부 그리면 이렇게 된다는 보편성을 갖고 있기 때문이 아닐까요. 또 프루스트 자신이 애인이 죽었을 때 맛본 고통을 알베르틴의 죽음으로 치환하여 토로함으로써 자신을 치유했는지도 모르겠습니다. 알베르틴은 이미 죽었는데 어떻게든 진실을 알려고 하는 나. 진실을 아는 고통이야말로 알베르틴과의 유대감을 더욱 깊게 해주는 실마리가 되기 때문입니다.

2011년 2월 24일_참석자 여덟 명

「되찾은 시간I」을 끝까지 읽었습니다. 도달하고 싶은 곳에 드디어 도착했다는 뜻깊은 기쁨을 맛보는, 참으로 충실한 부분이었습니다.

홍차에 적신 마들렌, 교회의 탑, 세 그루 나무, 칠중주, 부츠의 단추, 지금까지도 무의지적 기억(의식하지 않고 우연히 나타나는 기억)으로 포착되는 장면이 있었습니다만 그 행복의 이유가 나로서는 여전히 알 수 없었습니다. 이번에는 게르망트 저택에 들어가기 전 포석에 걸려 넘어졌을 때 베네치아 사원에서 넘어졌던 기억을 떠올립니다. 또다시 같은 행복을 느끼면서 나는 그 이유를 깨닫습니다. 쓴다는 것의 근거를 발견하는 이 부분이 가장 중요한 장면입니다.

무의지적 기억이 행복으로 이어지는 건 왜일까, 이것이

화제가 됐습니다. '잃어버린 시간'과 '되찾은 시간'의 접점은 시간 밖에 있고, 자신이 시간을 초월한 존재임을 느낄 때 늙어서 죽는다는 시간축 안 '죽음'에 대한 공포로부터 도망갈 수 있습니다. 시간 밖에 위치한 이상 대체 그가 미래의 무엇을 두려워하겠는가. 무의지적 기억만으로는 '흑백필름'에 불과하고 현상해야 비로소 '포착할 수 있게' 되는데, 그것이 곧 언어화이며 소설 쓰기입니다. 하지만 작가 중에는 감성이라는 핵을 갖지 않은 채 지성으로 쓰는 사람도 많아서 화자는 그들을 비판하며 예술의 독신자라고 불렀습니다.

'모든 것은 정신 속에 있다'도 중요한 테마 중 하나입니다. 사랑의 상대도, 사람 성격이나 외모도 보는 측에 있을 뿐이지 확실한 실체가 존재하지 않습니다.

이번에 읽은 부분은 작가가 지금까지 오랫동안 써온 글의 총결산 같기도 하고 쌓아두었던 것이 한꺼번에 쏟아져 나와서 읽는 사람은 익사할 것 같았습니다. 살롱의 지루한 대화도, 스스로 고통을 갈구하던 사랑도, 베네치아 여행도 모두 여기로 이어지기 위해 필요한 요소였습니다. 그 밖에도 생루의 죽음과 쥐피앵의 남창 호텔 장면 등 화제가 된 부분도 많았습니다. 쥐피앵의 보살핌을 받는 샤를뤼스 모습도 인상적이었습니다.

소설은 자기 외부에 있는 것을 쓰는 일이라 생각한 화자는 지금까지 자신에게는 재능이 없다고 느꼈습니다만 실은 우리 내부에 자라난 부분을 쓰는 것이야말로 소설이고 그것을 무시하는 문학이 의외로 많다는 점을 비판합니다. 생트뵈브에 대한 그런 비판이 이 소설을 쓰는 동기가 되었다고 합니다.

내가 앞으로 쓰려는 것이라는 문장에서, 그는 앞으로 소설을 쓰겠구나, 이 소설을……. 현기증을 느꼈습니다.

2011년 3월 24일_참석자 일곱 명
「되찾은 시간Ⅱ」 절반까지 읽었습니다.

오랜만에 살롱을 방문한 나는, 예전부터 알고 지내던 사교계 사람들의 변한 모습에 놀랍니다. 처음에는 그 변화가 나이가 들었기 때문임을 깨닫지 못하고 멋지게 꾸몄다고 생각할 정도입니다. 이 부분의 표현이 뛰어나다는 감상이 있었습니다. 멀리서 보면 그다지 늙지 않아 보인 사람들조차 가까이 다가가니 늙은 외모가 차마 못 볼 정도로 화자는 그 추악함을 특유의 신랄함으로 극명하게 묘사합니다.

외모뿐만 아니라 어떤 사람들은 성격마저 바뀌었습니다. 화를 잘 내던 사람이 원만한 성격으로 변하기도 했는데 어디까지나 화를 잘 내는 사람이란 점은 화자 시각에 불과할지도 모르겠습니다. 사교계에서 지위도 완전히 달라졌습니다. 베르뒤랭 부인이 어느새 재혼하여 게르망트 공작부인이 되다니 깜짝 놀랐습니다. 마지막에 이르러서는 너무 급격한 전개에 독자는 살짝 따라가기 힘듭니다. 다음번엔 더욱 엄청난 일이 벌어질 것 같습니다.

시간을 초월한 곳에 몸을 두려 하자마자 시간의 엄격한 세례를 받은 것이 이번에 읽은 내용이었습니다만 다음번에는 그 '시간'을 어떻게 수습해서 결말을 내릴까요? 정말 기대되는 동시에 이제 끝난다고 생각하니 조금 아쉬운 마음이 듭니다. 드디어 다음 모임이 마지막입니다. 정말로…….

2011년 4월 28일_참석자 아홉 명

콩브레에서 들은 작은 종소리가 지금도 내 귀에 울려 퍼진다. 그 종소리를 더 가까이에서 들으려고 하면 나는 나의 내면으로 다시 내려가야만 한다. 즉 이 종의 울림은 항상 그곳에 있었고 또 그 종과 지금 이 순간 사이에는 무한히 펼쳐진 모든 과거, 내가 갖고 있지만 알지 못했던 과거가 있다.

이번에는 『잃어버린 시간을 찾아서』 마지막 읽기 모임으로 「되찾은 시간Ⅱ」를 끝까지 읽었습니다.

살롱에서 만난 사람들은 누구든 심하게 외모가 바뀌었고 지위가 달라져서 나를 깜짝 놀라게 했습니다. 그렇지만 나 역시 스스로 깨닫지 못하는 사이 시간을 내면에 저장하며 살아왔고 드디어 이야기를 쓰기 시작했을 때는 이미 장

년이 되어 과연 글을 끝낼 수 있을지 불안에 사로잡힙니다. 이것은 프루스트 자신이 병약했기 때문이기도 해서 이야기 마지막 부분에서 실제로 글을 끝낼 수 있을지 절박한 불안을 안고 살았던 것과 깊은 관련이 있다고 생각합니다.

지금까지 평면적으로 쓰였던 것이 마지막 권에서는 시간의 흐름에 따라 모두 입체화되고 깊이를 갖게 됐다는 의견이 있었습니다. 이 한 권 안에 지금까지 모든 것이 응축된 인상도 받았습니다.

작가인 프루스트가 이야기를 다 썼을 때 화자는 그때 이야기를 쓰기 시작합니다. 이야기를 쓴다는 것이 무엇인지, 그 질문 자체가 이야기로서 이야기되는 장대한 장치는 마지막까지 읽어야 비로소 알 수 있는 작가의 기교입니다. 조립된 가람큰 사원을 올려다보는 독자는 치밀함과 현란함 그리고 빈틈없음에 현기증을 느끼지 않을 수 없습니다.

마지막 페이지에 이르러 '끝'이라는 글자가 보였을 때, 아, 이것으로 끝이구나, 왠지 아쉬운 마음이 들었습니다. 어쨌든 끝까지 무사히 완독해서 안도했습니다. 혼자였다면 읽다가 포기했을지 모릅니다. 함께 완주해주신 점 감사드립니다. 프랑스에서는 『잃어버린 시간을 찾아서』를 완독한 사람은 그 사실을 명함에 적어도 좋다고 할 정도라고 합니다. 여러분, 2년 반 동안 수고하셨습니다.

독서회를
성공으로
이끄는 힌트 ⑥

이야기한 내용을 기록해둔다

독서회가 끝난 후 이야기한 내용을 간단히 정리해두면 어떤 책을 어떤 분위기에서 읽었는지 기록이 된다. 무엇을 이야기했고 어떤 의견이 나왔는지, 여유가 있으면 작품 시대 배경이나 작가 정보도 적어두면 좋다. 멤버끼리 메일링 리스트를 만들어 기록하면, 그것을 읽은 다른 멤버가 소감을 쓰거나 해서 또 한 번 화제가 확장돼 즐길 수 있다. 무엇보다 독서회 보고를 만들면 결석자도 이야기 나눈 내용을 대략 알 수 있기에 다음에는 꼭 참가해야겠다는 동기부여에 도움이 된다.

그리고 독서회는 계속된다

복면 예술가 뱅크시는 이런 말을 했다. 세상에서 가장 큰 죄를 짓는 것은 규칙을 어기는 사람들이 아니라 규칙을 따르는 사람들이다. 폭탄을 떨어뜨려 마을을 파괴하라는 명령을 따르는 사람들이다.

얼마 전 독서회에서 가즈오 이시구로의 『남아 있는 나날』을 읽었다. 이 작품은 1990년에 일본어 번역본이 출판됐고 당시 제1차 이시구로 붐이 일었다. 그 후 앤서니 홉킨스 주연의 영화로도 만들어졌다. 오래전에 한 번 읽은 적이 있는데 독서회 때문에 다시 한번 훑어보려고 읽기 시작하자마자 푹 빠져들었다. 책장을 넘기는 손을 멈출 수 없었다. 나이를 먹은 만큼 한층 더 마음에 와닿았다. 그리고 새삼 확신했다. 이 책은 분명 명작이다.

집사의 남아 있는 나날

화자는 달링턴 홀이라는 격조 높은 저택의 집사 스티븐스다. 오랜 세월 모셔온 주인 달링턴 경이 세상을 떠나자 새로운 주인이 된 미국인이 잠시 휴가를 내고 여행을 다녀오는 게 어떻겠냐고 제안한다. 스티븐스는 주인한테 빌린 포드 자동차를 타고 영국 교외의 아름다운 풍경을 감상하며 지금까지 집사 인생을 되돌아본다. 아무래도 집사다운 말투로 이야기하는 회상이 작품 전체를 차지하는데 수준 높은 번역이 작품에 크게 공헌했다.

스티븐스는 사사로운 감정을 전혀 섞지 않고 주인에게 충성을 다하며 이를 자랑스럽게 여기며 살아왔다. 같은 집사였던 아버지가 위독한 상태임에도 간호하지 않고 일을 우선시한다. 또 우두머리 하녀가 우회적으로 사랑을 고백해도 모른 척하며 일에 몰두한다. 그런 스티븐스가 상식을 벗어난 것 같고 우스꽝스러워 보이지만 사실 우리 주변 어디서나 찾아볼 수 있는 모습이다. 예를 들어 검은 것을 하얗다고 증언해 출세하는 관료, 시체를 넘어서라도 회사에 서둘러 출근하는 월급쟁이, 스모 경기 중에 사람이 쓰러져도 의사가 여성이면 들여보내선 안 된다는 규칙만을 외치는 심판. 모두 규칙을 어기는 사람들이 아니라 규칙을 따르는 사람들이다.

독서회에서는 우선 이 작품이 훌륭하다는 점에는 모두가 동의했다. 그리고 영국 신분제도가 화제에 올랐다. 집사와 하녀는 제 신분에 의문을 품지 않고 주인을 섬기는 일을 자랑스럽게 여긴다. "저택 주인도 집사에게 경의를 표하고 배려한다는 사실을 알았다"는 감상이 있었다. 달링턴 경은 섬길 만한 인덕 있는 사람이었다. 집사로서 행복한 일이었다. 하지만 주인이 잘못된 선택을 했을 때 지적하지 않고 그저 그렇습니다라고 응하는 삶의 방식에는 찬반이 갈렸다. "집사는 주인의 의지를 실현하는 것이 일이다"와 "아니다, 잘못된 판단에는 진언해야 한다"라고.

작품 전체에 '품격'이라는 단어가 여러 번 나온다. 품격 있는 집사란 무엇인지 스티븐스는 자문한다. 그는 자기 영역 밖 일에는 간섭하지 않는다.

마루야 사이이치 작가가 쓴 해설에 납득하기 어려운 부분이 있었다. "스티븐스가 믿었던 집사로서의 미덕이란 사실 그를 연모했던 우두머리 하녀의 마음조차 모를 정도로 인간으로서 둔감했을 뿐임이 판명된다"고 하는데 그렇지 않다. 스티븐스는 그녀 마음을 충분히 알아차렸다. 알면서도 집사 일에 충실하며 모르는 척해야만 했기에 비애가 아닐까.

만약 그때 다른 선택을 했다면 다른 인생이 있지 않았을까. 누구나 그렇게 생각할 터. 여행의 끝자락에서 스티븐스는 한때 우두머리 하녀였던 미스 켄튼을 만난다. "그는 잘하면 미스 켄튼과 지금이라도 다시 시작할 수 있으리라 기대하지 않았을까"라는 감상이 있었다. 둘이서 추억담으로 이야기꽃을 피운 뒤 그녀는 '어쩌면 실현됐을지 모를 다른 인생'에 대해 딱 한 번 진심을 말한다. 그 말에 스티븐스는 뭉클해진다. 그럼에도 결코 동요하는 기색 없이 대답한다. 말씀하신 대로입니다. 미세스 벤.

그는 인생의 황혼에 자신이 살아온 길을 되돌아본다. 그리고 자기 인생이 의미 있었다고 스스로 타이른다. 누군가에게 도움이 되고 간접으로나마 세상에 도움이 됐다고 납득하고 싶어 한다. 설령 후회가 남더라도 되돌아가 다시 시작하기에는 시간이 너무 많이 흘러버렸다. 더 이상 다시 시작할 수 없다.

아버지는 평범한 회사원이었다. 크게 출세도 하지 못했고 결혼 생활도 원만하지 않았다. 나는 아버지와 평생 소원한 관계였고 거의 대화를 나누지 않았다. 인생의 선택에 고민할 때 상의해본 기억도 없다. 보통 아버지가 자녀를 어떻게 대하는지 상상조차 안 된다. 떨어져 살게 되면서 만날 일도 전혀 없어서 아마 그대로 만나지 않고 끝나리라 생각했건만, 어느 날 아버지와 2주 동안 한 지붕 아래서 지내게 됐다. 아버지는 당시 언니와 언니 딸 셋과 함께 살았는데 말기 암이어서 간병이 필요했다. 하지만 언니도 암 수술을 받으러 입원하면서 어쩔 수 없이 내가 간병을 담당하게 됐다.

2주 동안 대체 아버지와 어떤 이야기를 해야 할지 당혹스러웠다. 다행히 열여덟 살이던 조카가 중간자 역할을 해주어 어색하지만 최소한도로 필요한 대화는 나눴다. 나한테는 없는 다정함으로 아버지를 대하는 조카의 존재가 유일한 구원이었다. 아버지는 변함없이 제멋대로였고 몇 번이나 나를 화나게 했다.

어느 날 정원을 바라보며 나직이 이렇게 말했다. "대단한 인생은 아니었어……." 나는 허를 찔려 순간 어떤 말을 해야 할지 몰랐다. 하지만 뭔가 말해야 한다는 건 알았다. "누구에게나 후회는 있죠. 자기 인생에 만족하는 사람은 그리 많지 않을 거예요." 이렇게 대답한 기억이 있다. 아버지는 아무 말도 하지 않고 그동안 정성껏 가꿔온 정원을 물끄러미 바라보았다.

지금도 가끔 그때 나눈 짧은 대화가 떠오른다. 아버지는 어떤 대답을 기대했던 걸까. 딸에게 속내를 털어놓으며 위로를 기대했던 게 아닐까. 어쩌면 이런 말이었을지도 모르겠다. "그렇지 않아요. 두 딸을 잘 키웠고 일도 열심히 했잖아요. 좋은 인생이었다고 생각해요." 하지만 그동안 부모 자식 관계에서 그런 말은 아무리 애를 써도 입에서 나오지 않았다.

무엇보다 아버지가 한 인간으로서 어떤 인생을 살았는지 나는 거의 알지 못한다. 마음에도 없는 다정한 말을 건넨들 한순간 위로에 불과하고 아마 아버지는 다시금 인생의 후회 속에 빠지리라. 아버지 성격상 스스로 납득할 때까지 마음의 평안을 얻지 못할 테니. 결국 아버지는 자신을 납득시키지 못한 채 쇠약해진 육체에 끌려가듯 세상을 떠났다. 사후 책상 서랍에서 유서처럼 보이는 갈겨 쓴 메모를 발견했다. 거기에는 나를 언급한 말이 적혀 있었다. "아버지다운 일은 무엇 하나 해주지 못했다······." 만약 인생을 다시 산다면 아버지는 어떻게 살고 싶을까?

저녁이 하루 중 가장 좋은 시간

집사 스티븐스는 여행 막바지 부두에서 해가 지기를 기

다리며 노인과 대화를 나눈다. 노인이 말했다. 인생을 즐겨야 해. 저녁이 하루 중 가장 좋은 시간이야. 스티븐스는 자신의 인생을 정당화한다. 주인에게 충성을 다한 인생에 의의가 있었다고 되뇐다. 그렇게 되뇌는 동안 그것은 그에게 진실이 되어간다. 그는 마지막까지 후회의 말을 하지 않는다. 그러나 독자는 거기에서부터 '두 번 다시 시작할 수 없는 인생'에 왠지 모를 애절함을 느낀다. 만약 그가 후회하는 말을 했다면 이 소설은 최고면서도 평범한 작품이 되었을지도. 말하지 않고도 말하게 한다. 그 점이 작가의 기량이고 뛰어난 부분이다.

혼자서 책을 읽다 보면 도중에 여러 가지 감정이 밀려오거나 생각에 빠지는 경우가 종종 있다. 책을 다 읽고 나서도 생각은 여전히 말로 표현되지 않는다. 그렇게 소위 반숙 상태로 독서 모임에 나가면, 다른 멤버 이야기를 듣는 사이 읽을 때 떠오른 생각이나 생각지 못한 감상이 내 안에서 차례대로 끌려 나온다. 30년 가까이 독서회를 경험했지만 여전히 신기한 일이다. 자기 생각에 말을 부여하고 형태로 방출했을 때의 상쾌함은 그 무엇과도 바꿀 수 없다. 대화가 끝날 즈음에는 작품을 몇 배로 더 맛보았음을 깨닫는다. 가끔 책 내용에서 잡담으로 일탈하기도 하지만 잡담조차 결국에는 그때까지 읽은 책 중 하나로 귀결된다. 그도 그럴 것이 문학을 이야기하는 것은 자신의 삶을 이야기하는 것이기 때문이다.

그런데 다음 달에는 무슨 책을 읽을까요?

▍가즈오 이시구로, 『남아 있는 나날』, 쓰치야 마사오 역, 하야카와epi문고
▍존 브랜들러·알레산드라 마탄자, 『언오피셜 뱅크시』, 다카하시 가나코 역, 신세이출판사

에필로그

독서회라는 행복

새삼 나보코프를 읽지 않았다는 사실이 생각났다. 그렇다, 나보코프다. 나보코프를 읽어야 한다. 대표작 『롤리타』는 '죽기 전에 읽고 싶은 외국 문학 100권' 리스트에 반드시 들어 있지 않은가. 그래서 "다음에는 『롤리타』를 읽지 않을래요?"라고 제안해봤다. 마침내 『롤리타』가 독서회 과제도서가 됐다.

그러자 신기하게도 그동안 궁금하면서도 왠지 모르게 외면했던 책을 한 달 만에 다 읽었다. 나는 다시 한번 독서 모임의 위력을 실감했다. 평범한 일상을 살다 보면 이날까지는 반드시 읽는다!는 '독서 마감'이 일단 없다. 그래서 언젠가는 읽겠지 하고 미루게 된다. 하지만 독서회라면, 과제 도서로 정해지면 한 달 뒤에 그 책을 다 읽는 것이 확정이다.

『롤리타』는 혼자였다면 아마 초반 수십 페이지에서 좌절했겠지. 말장난이 많고 현실인지 환상인지 모르겠는 묘사가 자주 등장한다. 무엇보다 중년 남자가 소녀를 자신의 소유물로 데리고 다니는 범죄 행위에 정상적인 사고라면 견디기 힘들다. 그래도 독서회 날까지 반드시 다 읽겠다고 작정하면 이제는 맹렬히 읽을 뿐이다. 버스 안에서도 읽는다. 병원 대기실에서도 읽는다. 중간부터 언어유희가 재미있어지고 마치 프루스트 같은 치밀한 표현에 감탄한다. 보리스 비앙의 『세월의 거품』을 방불케 하는 환상과 망상의 재담에 혀를 내두른다. 상식과 도덕의 틀을 뛰어넘는 무질서가 통쾌하기까지 하다.

이날 독서회는 오랜만에 참가한 멤버까지 포함해 여덟 명이 모였다. "도저히 읽히지 않아 도중에 그만두었다"는 멤버도 있었다. 거기에서부터 "작가는 왜 이런 인물을 의도적으로 만들어냈을까?"라는 토론이 시작됐다. "상상하던 내용과 전혀 달랐다. 이렇게 유머러스한 소설일 줄 몰랐다"라는 감상과 "마치 미국 코미디 드라마처럼 엉뚱하다. 있을 수 없는 일들이 연달아 일어나고 그 때문에 부도덕성이 음습하게 흐르지 않아 건조한 인상을 준다"는 의견이 있었다. "건조한 인상을 주는 이유는 유머는 물론이고 주인공 험버트의 일인칭 서술에 때로는 자신을 조롱하는 듯한 삼인칭 시점이 섞인 '외부자성' 때문이 아닐까"라는 보충이 있었다. 이에 대해 "그런 시점에서 자신을 변명하는 부분이 비열하다"는 반박도 나왔다. "소녀 쪽도 예속되지 않고 아주 확실히 복수한다", "두 사람이 격렬하게 부딪치는 대화가 재미있다" 등 토론은 두 시간 동안 끝없이 이어졌다.

누군가 인상적인 구절을 꼽으면 다들 일제히 책장을 넘긴다. 한 사람의 감상이 다른 의견과 반발, 동의를 불러온다. 그게 또 다음 감상으로 이어진다. 하고 싶은 말이 계속해서 떠오른다. 『롤리타』를 읽은 다음 달에는 그런 흐름으로 『테헤란에서 롤리타를 읽다』(아자르 나피시)를 과제도서로 정했다. 서구에서 유학한 저자가 고국인 이란 테헤란으로 돌아와 대학에서 문학을 가르치면서 자기 집에서 학생들과 함께 독서회를 연다. 테헤란에서는 서양 책을 입수하거나 사람들 모임 자체가 목숨을 거는 일이다. 문학을 이야기할 때 정치 상황을 떼어놓고 이야기할 수 없음을 잘 안다. 그래도 그녀들의 논의가 언제까지고 문학을 음미하는 단계에 도달하지 않아 차츰 답답하게 느껴진다. 즉 작가가 독서회에서 읽은 『롤리타』는 오로지 윤리에만 초점을 맞추고 『위대한 개츠비』는 물질주의의 죄라며 규탄할 뿐, 문학적 논의는 더 이상 앞으로 나아가지 못한다. 이런 상황에서 문학을 이야기하는 의의는 무엇인가? 우리는 독서회에서 문학을 음미한다는 것이 어떤 의미인지 논의를 펼쳐갔다.

『테헤란에서 롤리타를 읽다』의 저자는 말한다. 어떤 일이 있어도 픽션을 현실의 복제로 간주하는 태도로 픽션을 폄하해서는 안 된다. 우리가 픽션 속에서 추구하는 바는 현실에는 없는 오히려 진실이 드러나는 순간이다. 그렇다. 그것이야말로 문학의 힘이다. 설령 어떤 상황이라도, 아니 절체절명 상황이라면 더욱더 '진실'을 찾아 사람은 책을 읽으려 한다. 그리고 읽은 책에 대해 이야기하고 싶어 한다.

독서회는 민주주의 상징 같다. 독재자는 인민이 모이는 일을 무엇보다 싫어한다. 예를 들어 『건지 감자껍질파이 북클럽』(상·하, 메리 앤 섀퍼·애니 배로스)은 제2차 세계대전 중 독일 통치하에 건지섬을 배경으로 야간 외출 금지령이 내려진 상황에서 섬 주민들이 독서회를 개최하는 이야기를 그린다. 처음에는 명목상으로 모였지만 차츰 각자 책을 가져와 이야기하기 시작하고 어느새 마음의 안식처가 된다.

그런 상황은 어디까지나 특수한 상황이었다. 설마 일본에서 자유롭게 집회를 할 수 없는 날이 오리라곤 상상도 하지 못했다. 그것은 바이러스 팬데믹이라는 예상 밖 형태로 찾아왔다. 집회를 막는 원인이 정치 상황이나 전쟁이 아닐

줄이야. 그래도 우리는 독서회의 불을 꺼뜨리지 않도록 계속해서 과제도서를 정하고 책을 읽어왔다. 이 또한 독서회의 길고 긴 역사에 새겨진 하나의 사건이다.

이 책은 이와나미쇼텐이 발행하는 잡지『세카이』2020년 1월호부터 2021년 8월호까지 연재된 글을 다듬은 것이다. 덧붙여『잃어버린 시간을 찾아서』독서회 보고 내용을 발췌하고 35년 동안 읽어온 책 목록을 추가했다. 원고를 쓰면서 가장 중요하게 생각한 점은 나의 인생이 100년 전 문학 작품과 깊이 연결되어 있음을 보여주는 것이었다. 그리고 '책을 이야기하는 것은 인생을 이야기하는 것'을 공통 주제로 삼고 싶었다.

책 제목을 편집자와 상의할 때 내가 후보로 생각한 '독서회라는 행복'은 소극적이어서 어필하는 힘이 부족하지 않느냐, 좀 더 독자를 끌어들이도록 역동적 제목으로 하는 게 어떠냐는 의견이 편집회의에서 나왔다고 들었다. 예를 들어 '독서회로의 초대'처럼. 나는 왠지 모르게 어색했다. 왜 그럴까, 곰곰이 생각해보니 나한테는 사람들에게 책을 권하거나 독서회에 초대할 의지가 없다는 사실을 깨달았다. 사서라는 직업병, "책을 읽읍시다", "한 사람이라도 더 많은 사람에게 독서회의 훌륭함을!" 입으로 말하면서도 오히려 정말로 좋아하는 것을 너무 많은 사람에게 알리고 싶지 않다는 도착적 생각마저 희미하게 갖고 있다. 좋음을 알아주는 몇 명하고만 공유해도 행복하다. 요컨대 나는 하고 싶어 할 뿐이지 조금도 교육적인 사람이 아니다.

이 책은 제목원제-독서회라는 행복読書会という幸福에 어울리게 내용이 내향적이다. 그래서 차라리 '제멋대로 독서회라는 행복에 젖어 있는 그림'이 그려지면 좋겠다고 생각했다. 의외로 그쪽에 결과적으로 흥미를 가져주는 사람이 있을지 모르지 않나. 하지만 책은 손에 들어야만 가치가 있다. 어필하는 힘이 너무 없어서 책을 집어 들지 않는다면 이와나미쇼텐에 "죄송합니다"라고 사과할 수밖에.

독서회 글을 처음으로 의뢰해준 『세카이』의 구마가이 신이치로 편집장에게 깊이 감사드린다. 구마가이 편집장 역시 열정적으로 독서회를 주최하기에 독서회에 대한 이해가 깊어 매번 격려해주었다. 편집을 담당한 이와나미쇼텐의 우에다 마리 편집자에게도 큰 도움을 받았다. 내 생각이 최대한 실현될 수 있도록 최선을 다해준 데에 진심으로 감사드린다. 독서회에 일부러 발걸음을 해줄 정도로 행동력과 광범위한 지식에 감탄했고 문학을 향한 열정을 공유했다. 일러스트레이터 야쿠 가오리 작가는 연재할 때마다 멋진 일러스트를 그려주었다. 이 책 간지에 그중 몇 장을 사용했다. 야쿠 작가의 서정적인 그림을 매우 좋아해서 지금도 받은 원화를 곁에 두고 일한다.

　무엇보다 오랜 시간 함께 책을 읽어온 독서회 멤버들에게 감사한 마음을 전하고 싶다. 우리는 저마다 일상을 살다가 한 달에 한 번 모여 책 이야기를 나눈다. 인간 내면으로 깊숙이 들어가는 행위를 쌓다 보면 멤버들끼리 자연스레 신뢰감이 생긴다. 독서회는 이제 내 인생에 없어서는 안 될 큰 축이다. 이렇게 많은 책을 완독한 것도 모두 함께 읽었기 때문이다. 아무리 다가가기 힘든 책이라도 선입견 없이 받아들였다. 아무리 바빠도 반드시 끝까지 다 읽는 '영원한 문학소녀들'을 마음 깊이 존경한다.

무카이 가즈미

독서회 과제도서 목록

1987년에 시작한 우리 독서회가 2023년까지 읽은 책을 정리해봤습니다.

1987년
로제 마르탱 뒤 가르, 『티보 가의 사람들』 1~3, 야마노우치 요시오 역, 하쿠스이U북스

1988년
로제 마르탱 뒤 가르, 『티보 가의 사람들』 4~10, 야마노우치 요시오 역, 하쿠스이U북스

1989년
로제 마르탱 뒤 가르, 『티보 가의 사람들』 11~13, 야마노우치 요시오 역, 하쿠스이U북스
로맹 롤랑, 『장 크리스토프』 1~2, 신조 요시아키라 역, 신초분코

1990년
로맹 롤랑, 『장 크리스토프』 3~4, 신조 요시아키라 역, 신초분코

1991년
베르코르, 『바다의 침묵·별을 향한 행진』, 고노 요이치·가토 슈이치 역, 이와나미분코
앙드레 지드, 『좁은 문』, 야마노우치 요시오 역, 신초분코
앙드레 지드, 『전원 교향악』, 진자이 기요시 역, 신초분코
라파예트 부인, 『클레브 공작부인』, 아오야기 미즈호 역, 신초분코
생텍쥐페리, 『야간 비행』, 호리구치 다이가쿠 역, 신초분코
생텍쥐페리, 『인간의 대지』, 호리구치 다이가쿠 역, 신초분코

1992년
프랑수아 모리아크, 『테레즈 데케루』, 스기 도시오 역, 신초분코
아고타 크리스토프, 『악동 일기』 한국어판 『존재의 세 가지 거짓말』 중 제1부 「비밀노트」, 호리 시게키 역, 하야카와쇼보
쥘 르나르, 『홍당무』, 기시다 구니오 역, 이와나미분코

1993년
프로스페르 메리메, 『카르멘』, 호리구치 다이가쿠 역, 신초분코
알렉상드르 뒤마, 『춘희』, 신조 요시아키라 역, 신초분코
마르셀 프루스트, 『잃어버린 시간을 찾아서』 1, 이노우에 규이치로 역, 지쿠마분코

1994년
마르셀 프루스트, 『잃어버린 시간을 찾아서』 2, 이노우에 규이치로 역, 지쿠마분코
시도니 가브리엘 콜레트, 『사랑에 눈뜰 때』, 호리구치 다이가쿠 역, 신초분코
조르주 상드, 『사랑의 요정 파데트』, 미야자키 미네오 역, 이와나미분코
장 자크 루소, 『고독한 산책자의 몽상』, 아오야기 미즈호 역, 신초분코
아나톨 프랑스, 『소년소녀』, 미요시 다쓰지 역, 이와나미분코

1995년

제인 오스틴, 『오만과 편견』, 나카노 요시오 역, 신초분코
테네시 윌리엄스, 『욕망이라는 이름의 전차』, 오다시마 유시 역, 신초분코
에드몽 로스탕, 『시라노』, 다쓰노 유타카·스즈키 신타로 역, 이와나미분코
볼테르, 『캉디드』, 요시무라 쇼이치로 역, 이와나미분코
장 폴 사르트르, 『오붓하게』 한국어판 소설집 『벽』에 수록, 이부키 다케히코·시라이 고지·쓰보타 게이사쿠·나카무라 신이치로 역, 신초분코
안톤 체호프, 『귀여운 여인·개를 데리고 다니는 부인 외 단편선』, 진자이 기요시 역, 이와나미분코

1996년

도스토옙스키, 『가난한 사람들』, 기무라 히로시 역, 신초분코
도스토옙스키, 『백야』, 고누마 후미히코 역, 가도카와분코
도스토옙스키, 『죽음의 집의 기록』, 구도 세이치로 역, 신초분코
도스토옙스키, 『학대받은 사람들』, 오가사와라 도요키 역, 신초분코
도스토옙스키, 『지하로부터의 수기』, 에가와 다쿠 역, 신초분코
도스토옙스키, 『죄와 벌』 상·하, 구도 세이치로 역, 신초분코
도스토옙스키, 『노름꾼』, 하라 다쿠야 역, 신초분코

1997년

도스토옙스키, 『백치』 상·하, 기무라 히로시 역, 신초분코
도스토옙스키, 『악령』 상·하, 에가와 다쿠 역, 신초분코
니체, 『차라투스트라는 이렇게 말했다』 상·하, 요시자와 덴자부로 역, 지쿠마학예문고

1998년

도스토옙스키, 『카라마조프 형제들』, 상·중·하, 하라 다쿠야 역, 신초분코
사파이어, 『푸쉬』, 아가리에 가즈키 역, 가와데쇼보신샤
모파상, 『비곗덩어리·테리에 집』, 아오야기 미즈호 역, 신초분코
모파상, 『모파상 단편집』 1, 아오야기 미즈호 역, 신초분코

1999년

모파상, 『모파상 단편집』 2, 아오야기 미즈호 역, 신초분코
토마스 만, 『부덴브로크 가의 사람들』 상·중·하, 모치즈키 이치에 역, 이와나미분코
알베르 카뮈, 『페스트』, 미야자키 미네오 역, 신초분코
알베르 카뮈, 『혁명인가 반항인가』, 사토 사쿠 역, 신초분코
알베르 카뮈, 『전락·추방과 왕국』, 사토 사쿠·구보타 게이사쿠 역, 신초분코
라디게, 『도르젤 백작 무도회』, 이쿠시마 료이치 역, 신초분코
라디게, 『육체의 악마』, 신조 요시아키라 역, 신초분코

2000년

뱅자맹 콩스탕, 『아돌프의 사랑』, 신조 요시아키라 역, 신초분코
몰리에르, 『수전노』, 스즈키 리키에 역, 이와나미분코
몰리에르, 『돈 주앙』, 스즈키 리키에 역, 이와나미분코
몰리에르, 『인간 혐오자』, 나이토 아로우 역, 신초분코
도리스 그룸바흐, 『고요와 침묵 속에서』, 아가리에 가즈키 역, 가도카와쇼텐
오노레 드 발자크, 『알려지지 않은 걸작 외 5편』, 미즈노 아키라 역, 이와나미분코
오노레 드 발자크, 『고리오 영감』, 히라오카 도쿠요시 역, 신초분코
작자 미상, 『라사리요 데 토르메스』, 아이다 유 역, 이와나미분코
오노레 드 발자크, 『사촌 베티』 상·하, 히라오카 도쿠요시 역, 신초분코

2001년

안톤 체호프, 『벚꽃동산·세 자매』, 진자이 기요시 역, 신초분코
안톤 체호프, 『갈매기』, 진자이 기요시 역, 신초분코
안톤 체호프, 『바냐 아저씨』, 진자이 기요시 역, 신초분코
이반 투르게네프, 『첫사랑』, 진자이 기요시 역, 신초분코
오노레 드 발자크, 『환멸』 상·하, 노자키 간·아오키 마키코 역, 후지와라쇼텐
프랑수아즈 사강, 『도망길』, 고노 마리코 역, 신초분코
밀란 쿤데라, 『참을 수 없는 존재의 가벼움』, 지노 에이이치 역, 슈에이샤분코

2002년

밀란 쿤데라, 『불멸』, 간노 아키마사 역, 슈에이샤분코
에밀 졸라, 『목로주점』, 고가 데루이치 역, 신초분코
에밀 졸라, 『나나』, 가와구치 아쓰시·고가 데루이치 역, 신초분코
장 주네, 『도둑 일기』, 아사부키 산키치 역, 신초분코

2003년

마르그리트 뒤라스, 『모데라토 칸타빌레』, 다나카 미치오 역, 가와데분코
레프 톨스토이, 『이반 일리치의 죽음』, 요네카와 마사오 역, 이와나미분코
레프 톨스토이, 『사람은 무엇으로 사는가』, 나카무라 하쿠요 역, 이와나미분코
레프 톨스토이, 『유년시대』, 후지누키 다카시 역, 이와나미분코
레프 톨스토이, 『소년시대』, 후지누키 다카시 역, 이와나미분코
레프 톨스토이, 『청년시대』, 요네카와 마사오 역, 이와나미분코
레프 톨스토이, 『안나 카레니나』 상·중·하, 기무라 히로시 역, 신초분코
레프 톨스토이, 『크로이처 소나타·악마』, 하라 다쿠야 역, 신초분코

2004년

레프 톨스토이, 『빛이 있는 동안 빛 가운데로 걸으라』, 요네카와 마사오 역, 이와나미분코
레프 톨스토이, 『인생론』, 하라 다쿠야 역, 신초분코
레프 톨스토이, 『전쟁과 평화』 1~4, 구도 세이치로 역, 신초분코
레프 톨스토이, 『부활』 상, 하라 히사이치로 역, 신초분코

2005년

레프 톨스토이, 『부활』 하, 하라 히사이치로 역, 신초분코
알렉산드르 세르게예비치 푸시킨, 『벨킨 이야기·스페이드 여왕』, 진자이 기요시 역, 이와나미분코
알렉산드르 세르게예비치 푸시킨, 『오네긴』, 이케다 겐타로 역, 이와나미분코
니콜라이 고골, 『외투·코』, 히라이 하지메 역, 이와나미분코
니콜라이 고골, 『광인일기 외 2편』, 요코타 미즈호 역, 이와나미분코
『프랑스 단편걸작선』, 야마다 미노루 역, 이와나미분코

2006년

장 프랑수아 마르몽텔, 『잉카제국의 멸망』, 호리노 유리코 역, 이와나미분코
이반 투르게네프, 『아버지와 아들』, 구도 세이치로 역, 신초분코
알렉산드르 세르게예비치 푸시킨, 『대위의 딸』, 진자이 기요시 역, 이와나미분코
아나톨 프랑스, 『실베스트르 보나르의 죄』, 이부키 다케히코 역, 이와나미분코
피에르 쇼데를로 드 라클로, 『위험한 관계』 상·하, 이부키 다케히코 역, 이와나미분코
오노레 드 발자크, 『나귀 가죽』, 오구라 고세이 역, 후지와라쇼텐
괴테, 『파우스트』 제1부, 이케우치 오사무 역, 슈에이샤분코

2007년

괴테, 『파우스트』 제2부, 이케우치 오사무 역, 슈에이샤분코
괴테, 『젊은 베르테르의 슬픔』, 다카하시 요시타카 역, 신초분코
헤르만 헤세, 『청춘은 아름다워』, 다카하시 겐지 역, 신초분코
헤르만 헤세, 『데미안』, 다카하시 겐지 역, 신초분코
헤르만 헤세, 『싯다르타』, 다카하시 겐지 역, 신초분코
헤르만 헤세, 『봄의 폭풍우』, 다카하시 겐지 역, 신초분코
헤르만 헤세, 『황야의 이리』, 다카하시 겐지 역, 신초분코
헤르만 헤세, 『지와 사랑』, 다카하시 겐지 역, 신초분코
오노레 드 발자크, 『알려지지 않은 걸작 외 5편』, 미즈노 아키라 역, 이와나미분코
오노레 드 발자크, 『절대의 탐구』, 미즈노 아키라 역, 이와나미분코
보리스 비앙, 『세월의 거품』, 소네 모토키치 역, 신초분코

2008년

생텍쥐페리, 『어린 왕자』, 고노 마리코 역, 신초분코
재레드 다이아몬드, 『문명의 붕괴』 상·하, 니레이 고이치 역, 소시샤
귀스타브 플로베르, 『감정교육』 상·하, 이쿠시마 료이치 역, 이와나미분코
빅토르 위고, 『레 미제라블』 1~3(빅토르 위고 문학관 제2권~제4권), 쓰지 도오루 역, 우시오출판사
레프 톨스토이, 『톨스토이 민화집 바보 이반 외 8편』, 나카무라 하쿠요 역, 이와나미분코

마르셀 프루스트, 『잃어버린 시간을 찾아서』 1~2, 스즈키 미치히코 역, 슈에이샤분코

2009년
마르셀 프루스트, 『잃어버린 시간을 찾아서』 3~6, 스즈키 미치히코 역, 슈에이샤분코

2010년
마르셀 프루스트, 『잃어버린 시간을 찾아서』 7~11, 스즈키 미치히코 역, 슈에이샤분코

2011년
마르셀 프루스트, 『잃어버린 시간을 찾아서』 12~13, 스즈키 미치히코 역, 슈에이샤분코
시도니 가브리엘 콜레트, 『사랑에 눈뜰 때』, 고노 마리코 역, 고분샤고전신역문고
장 폴 사르트르, 『구토』, 스즈키 미치히코 역, 진분쇼인
토마스 만, 『토니오 크뢰거 외 1편』, 히라노 교코 역, 가와데분코
빅터 프랭클, 『밤과 안개』, 이케다 가요코 역, 미스즈쇼보
기타 무리오, 『밤과 안개의 모퉁이에서』, 신초분코
크리스티앙 가이이, 『바람에 흔들리는 잡초』, 고노 마리코 역, 슈에이샤분코

2012년
크리스티앙 가이이, 『재즈클럽』, 노자키 간 역, 슈에이샤
커트 보니것, 『마더 나이트』, 도비타 시게오 역, 하야카와분코
커트 보니것, 『제5도살장』, 이토 노리오 역, 하야카와분코
클로드 레비 스트로스, 『슬픈 열대』 1·2, 가와다 준조 역, 주고클래식스
돈 윈슬로, 『개의 힘』 상·하, 아가리에 가즈키 역, 가도카와분코
라이먼 프랭크 바움, 『오즈의 마법사』, 고노 마리코 역, 신초분코
가브리엘 가르시아 마르케스, 『예고된 죽음의 연대기』, 노야 후미아키 역, 신초분코

2013년

돈 윈슬로, 『스트리트 키즈』, 아가리에 가즈키 역, 소겐추리문고
이렌 네미롭스키, 『프랑스풍 조곡』, 노자키 간 역, 하쿠스이샤
기 드 모파상, 『벨아미』, 나카무라 요시코 역, 가도카와분코
위베르 멩가렐리, 『마지막 눈』, 다쿠보 마리 역, 하쿠스이샤
로제 마르탱 뒤 가르, 『티보 가의 사람들』 1~4, 야마노우치 요시오 역, 하쿠스이U북스

2014년

로제 마르탱 뒤 가르, 『티보 가의 사람들』 5~9, 야마노우치 요시오 역, 하쿠스이U북스

2015년

로제 마르탱 뒤 가르, 『티보 가의 사람들』 10~13, 야마노우치 요시오 역, 하쿠스이U북스
프랑수아즈 에리티에, 『달콤한 소금』, 이노우에 다카코·이시다 구니코 역, 아카이시쇼텐
존 윌리엄스, 『스토너』, 아가리에 가즈키 역, 사쿠힌샤
그레이엄 그린, 『사랑의 종말』, 가미오카 노부오 역, 신초분코
에리히 프롬, 『자유로부터의 도피』, 히다카 로쿠로 역, 도쿄소겐샤
미셸 우엘벡, 『복종』, 오쓰카 모모 역, 가와데쇼보신샤

2016년

라이너 마리아 릴케, 『말테의 수기』, 오야마 데이이치 역, 신초분코
알랭 푸르니에, 『위대한 몬느』, 아마자와 다이지로 역, 이와나미분코
스베틀라나 알렉시예비치, 『전쟁은 여자의 얼굴을 하지 않았다』, 미우라 미도리 역, 이와나미현대문고
찰스 디킨스, 『두 도시 이야기』 상·하, 이케 히로아키 역, 고분샤고전신역문고
앤 웜즐리, 『프리즌 북클럽』, 무카이 가즈미 역, 기노쿠니야쇼텐
로맹 롤랑, 『피에르와 류스』, 와타나베 준 역, 텟뻬츠분코

2017년

토마스 만, 『마의 산』 상·하, 다카하시 요시타카 역, 신초분코
메리 셸리, 『프랑켄슈타인』, 세리자와 메구미 역, 신초분코
라디게, 『육체의 악마』, 쥬죠 쇼헤이 역, 고분샤고전신역문고
가스통 르루, 『오페라의 유령』, 히라오카 아쓰시 역, 고분샤고전신역문고
빅토르 위고, 『노트르담 드 파리』 상·하, 쓰지 도오루·마쓰시타 가즈노리 역, 이와나미분코

2018년

캐서린 스토킷, 『헬프』 상·하, 구리하라 모모요 역, 슈에이샤분코
존 골즈워디, 『사과나무』, 호무라 리에 역, 신초분코
마크 트웨인, 『허클베리 핀의 모험』, 시바타 모토유키 역, 겐큐샤
마크 트웨인, 『인간이란 무엇인가』, 오쿠보 히로시 역, 가도카와분코
윌리엄 포크너, 『팔월의 빛』, 구로하라 도시유키 역, 고분샤고전신역문고
하퍼 리, 『앵무새 죽이기』, 기쿠치 시게사부로 역, 구라시노테쵸샤
로버트 루이슨 스티븐슨, 『지킬 박사와 하이드』, 다우치 시몬 역, 가도카와분코
윌리엄 셰익스피어, 『리어왕』, 후쿠다 쓰네아리 역, 신초분코

2019년

윌리엄 셰익스피어, 『햄릿』, 후쿠다 쓰네아리 역, 신초분코
윌리엄 셰익스피어, 『맥베스』, 후쿠다 쓰네아리 역, 신초분코
윌리엄 셰익스피어, 『오셀로』, 후쿠다 쓰네아리 역, 신초분코
프랑수아 모리아크, 『테레즈 데케루』, 엔도 슈사쿠 역, 고단샤문예문고
서머싯 몸, 『인간의 굴레』 상·하, 나카노 요시오 역, 신초분코
시도니 가브리엘 콜레트, 『셰리』, 고노 마리코 역, 고분샤고전신역문고
조지 엘리엇, 『사일러스 마너』, 오비 후사 역, 고분샤고전신역문고
버지니아 울프, 『등대로』, 오고시 데쓰야 역, 이와나미분코
헨리 제임스, 『나사의 회전』, 쓰치야 마사오 역, 고분샤고전신역문고

2020년

버지니아 울프, 『댈러웨이 부인』, 쓰치야 마사오 역, 고분샤고전신역문고

라파예트 부인, 『클레브 공작부인』, 나가타 치나 역, 고분샤고전신역문고
뱅자맹 콩스탕, 『아돌프의 사랑』, 나카무라 요시코 역, 고분샤고전신역문고
알베르 카뮈, 『페스트』, 미야자키 미네오 역, 신초분코
라디게, 『도르젤 백작 무도회』, 시부야 유타카 역, 고분샤고전신역문고
서머싯 몸, 『달과 6펜스』, 쓰치야 마사오 역, 고분샤고전신역문고
헤밍웨이, 『노인과 바다』, 다카미 히로시 역, 신초분코
서머싯 몸, 『어센든, 영국 정보부 요원』, 가네하라 미즈히토 역, 신초분코
헤밍웨이, 『무기여 잘 있거라』 상·하, 가네하라 미즈히토 역, 고분샤고전신역문고
헤밍웨이, 『이동 축제일』, 다카미 히로시 역, 신초분코

2021년

헤밍웨이, 『누구를 위하여 좋은 울리나』 상·하, 다카미 히로시 역, 신초분코
F. 스콧 피츠제럴드, 『위대한 개츠비』, 노자키 다카시 역, 신초분코
치누아 아체베, 『모든 것이 산산이 부서지다』, 아이하라 아야코 역, 고분샤고전신역문고
가즈오 이시구로, 『남아 있는 나날』, 쓰치야 마사오 역, 하야카와epi문고
가즈오 이시구로, 『부유하는 세상의 화가』, 도비타 시게오 역, 하야카와epi문고
가즈오 이시구로, 『우리가 고아였을 때』, 이리에 마사오 역, 하야카와epi문고
앙드레 지드, 『좁은 문』, 쥬죠 쇼헤이·쥬죠 시호 역, 고분샤고전신역문고
찰스 디킨스, 『위대한 유산』 상·하, 가가야마 다쿠로 역, 신초분코
미하일 레르몬토프, 『우리 시대의 영웅』, 다카하시 도모유키 역, 고분샤고전신역문고
블라디미르 나보코프, 『롤리타』, 와카시마 다다시 역, 신초분코
아자르 나피시, 『테헤란에서 롤리타를 읽다』, 이치카와 에리 역, 가와데분코

2022년

프랑수아즈 사강, 『마음의 심연』, 고노 마리코 역, 가와데쇼보신사
제라르 드 네르발, 『불의 딸들』, 노자키 간 역, 이와나미분코
조지 기싱, 『헨리 라이크로프트의 내밀한 기록』, 이케 히로아키 역, 고분샤고전신역문고

J. M. 쿳시, 『철의 시대』, 구보타 노조미 역, 가와데분코
J. M. 쿳시, 『마이클 K의 삶과 시대』, 구보타 노조미 역, 이와나미분코
J. M. 쿳시, 『추락』, 고노스 유키코 역, 하야카와분코
도스토옙스키, 『스쩨빤치꼬보 마을 사람들』, 다카하시 도모유키 역, 고분샤고전신역문고
앤 마리 레볼, 『러시아의 별』, 고노 마리코 역, 슈에이샤
윌리엄 셰익스피어, 『템페스트』 셰익스피어 전집8, 마쓰오카 가즈코 역, 지쿠마분코

2023년
마리오 바르가스 요사, 『밀림의 이야기꾼』, 니시무라 에이치로 역, 이와나미분코
박민규, 『카스테라』, 현재훈·사이토 마리코 역, 쿠레인
카프카, 『변신·법 앞에서』, 오카자와 시즈야 역, 고분샤고전신역문고
한강, 『소년이 온다』, 이데 슌사쿠 역, 쿠온
카프카, 『소송』 카프카 포켓 마스터피스 01, 가와시마 다카시 역, 슈에이샤분코
베르코르 『바다의 침묵·별을 향한 행진』, 고노 요이치·가토 슈이치 역, 이와나미분코
한강, 『채식주의자』, 김훈아 역, 쿠온
오르한 파묵, 『내 이름은 빨강』 상·하, 미야시타 료 역, 하야카와epi문고
벤자민 프랭클린, 『벤저민 프랭클린 자서전』, 마쓰모토 신이치·니시카와 마사미 역, 이와나미분코
조나단 스위프트, 『걸리버 여행기』, 시바타 모토유키 역, 아사히신문출판
윌리엄 골딩, 『파리대왕』, 구로카와 히로유키 역, 하야카와epi문고

다정한 나의 30년 친구, 독서회

초판 1쇄 발행 2025년 6월 25일

지은이 | 무카이 가즈미
옮긴이 | 한정림

펴낸곳 | 정은문고
펴낸이 | 이정화
디자인 | 원선우

등록번호 | 제2009-00047호 2005년 12월 27일
주소 | 서울시 마포구 동교로13길 60
전화 | 02-392-0224
팩스 | 0303-3448-0224
이메일 | jungeunbooks@naver.com
블로그 | blog.naver.com/jungeunbooks
페이스북 | facebook.com/jungeunbooks

ISBN 979-11-85153-73-5(03830)

책값은 뒤표지에 쓰여 있습니다.

알라딘 북펀드에 참여해주신 분들
nana, Sabina, 강이경, 김난연, 김리연, 김재형, 김정선, 김태규(잘누리), 김태윤, 담백한 책생활, 문대근, 박수영, 박은, 박정현, 박진우, 성공독서코칭센터, 송명희, 송수진, 송연아, 엄혜숙, 오랜벗 정이, 오미숙, 온학당, 이선미, 이승민, 이승연, 이애월, 이윤정, 이중환, 이지민, 이지원, 이화숙, 이희연, 장준혜, 전은성, 정연서, 정한옥, 조희선, 집책광공이광식, 참새바다, 최승욱 외 26명